अमीर ख़ुसरो का हिन्दवी काव्य

अमीर ख़ुसरो का हिन्दवी काव्य

शिप्रंगर संग्रह की बर्लिन प्रति सहित

गोपी चंद नारंग

वाणी प्रकाशन

वाणी प्रकाशन

4695, 21-ए, दरियागंज, नयी दिल्ली 110 002

शाखा

अशोक राजपथ, पटना 800 004

फ़ोन: +91 11 23273167 फ़ैक्स: +91 11 23275710

www.vaniprakashan.in
vaniprakashan@gmail.com

AMIR KHUSRO KA HINDVI KAVYA
by Gopi Chand Narang
Translated by Noor Nabi Abbasi

ISBN : 81-7055-816-6
Criticism/Research

संस्करण 2002, 2012
आवृत्ति 2013

मूल्य : ₹350

सोनम ऑफ़सेट, दिल्ली-110 093 में मुद्रित

वाणी प्रकाशन का लोगो मक़बूल फ़िदा हुसेन की कूची से

मनोरमा नारंग
के नाम

प्राक्कथन

मैं 1947 ई० से अमीर ख़ुसरो के हिन्दी-उर्दू काव्य की खोज में था। अमीर ख़ुसरो के नाम से जो भी हिन्दी काव्य प्रचलित है वह जनश्रुति का हिस्सा है, और उसका कोई लिखित प्रमाण उपलब्ध नहीं है। मुझे दरअसल अमीर ख़ुसरो हिन्दी काव्य की उन पांडुलिपियों की तलाश थी जो किसी जमाने में अवध के शाही पुस्तकालयों में सुरक्षित थीं और जिनका जिक्र जर्मन शोधकर्ता डा० श्प्रिगर ने अपने कैटेलॉग में किया था, और 1852 में जर्नल ऑफ एशियाटिक सोसाइटी बंगाल में अमीर ख़ुसरो के हिन्दी काव्य के बारे में एक लेख भी लिखा था। सौभाग्य से इनमें से एक पांडुलिपि मुझे बर्लिन के स्टाट्स बिब्लिओथिक में श्प्रिगर संग्रह में मिल गई। प्रस्तुत पुस्तक में अमीर ख़ुसरों के हिन्दी काव्य से सम्बद्ध तमाम मुद्दों की पूर्ण जानकारी के साथ बर्लिन-प्रति को पेश किया जा रहा है। इनमें से छह पहेलियाँ वे हैं जिन्हें श्प्रिगर ने अपने लेख में प्रकाशित किया था। बाक़ी 144 पहेलियाँ बिल्कुल नई हैं और पहली बार प्रकाश में लाई जा रही हैं। पहेलियों के शुद्ध पाठ के साथ हाशिये में ज़रूरी आर्थी संकेत भी कर दिये हैं जिनसे अन्दाज़ा होगा कि शिल्प और सौन्दर्य की दृष्टि से ये कितनी उच्चकोटि की रचनाएँ हैं। इनके प्रकाशन से न केवल हिन्दी और उर्दू के प्राचीन इतिहास पर शोध करने वालों के लिए नई सामग्री उपलब्ध होगी, वरन् हमारे लोक-साहित्य का भी एक बिल्कुल नया अध्याय सामने आएगा।

इस पुस्तक में श्प्रिगर संग्रह की बर्लिन प्रति पहली बार छापी जा रही है। मैं बर्लिन के स्टाट्स बिब्लियोथिक का कृतज्ञ हूँ कि उन्होंने श्प्रिगर संग्रहालय की प्रति के प्रकाशन के लिए उसकी नक़्ल करने की अनुमति प्रदान की। कुछ पुस्तकों और प्रतिलिपियों की प्राप्ति में बड़ी कठिनाई का सामना हुआ। डॉ० ज्ञानचंद जैन ने अपने व्यक्तिगत संग्रह से श्प्रिगर के 1852 वाले लेख की प्रतिलिपि सुलभ कराई। श्प्रिगर के

कैटेलॉग के कतिपय कथनों की प्रतिलिपि डॉ॰ आबिद रज़ा बेदार, निदेशक ख़ुदाबख़्श ओरियंटल लायब्रेरी, पटना के सहयोग से उपलब्ध हुईं। बाद में यह कैटेलॉग राष्ट्रीय संग्रहालय, नई दिल्ली में मिल गया। इसी प्रकार श्प्रिंगर के 1854 वाले लेख की खोज में जर्नल ऑफ एशियाटिक सोसाइटी बंगाल की 1857 की क्रांति से पहले के सभी खंड केंद्रीय रक्षा मंत्रालय के पुस्तकालय में मिल गए। उस लेख का सुराग़ तो जर्नल में नहीं मिला, अलबत्ता श्प्रिंगर का 1852 का लेख मिल गया और कुछ अन्य उपयोगी लेख भी प्राप्त हो गए। उनमें से एक मसूद साद सल्मान की रेख़्ता शाइरी के बारे में है लेकिन श्प्रिंगर ने कोई उदाहरण नहीं दिया।

बर्लिन प्रति की कुछ पहेलियों का पढ़ना एक दुष्कर कार्य था। बूझ तो साथ दी हुई है लेकिन जब तक शब्दों का संबंध बूझ के साथ सही न बैठे, बात नहीं बनती, और पाठ की शुद्धता प्रमाणित नहीं हो पाती। प्रति में जगह-जगह शब्दों को मिलाकर लिखा है, साथ ही याए मारूफ़ और मज्हूल में अंतर न करने, नून और नूनग़ुन्ना को मिला देने, काफ़ गाफ़ के मराकिज़ में फ़र्क़ न करने, या शब्दों को घटा-बढ़ा देने या छोड़ देने के कारण पाठ का संशोधन सरल नहीं था। अच्छी पहेली बहुत कुछ काव्यात्मक प्रहेलिका के समान होती है जिसके वर्णिक, भाषिक तथा आर्थी विधान की ग्रन्थियाँ खोलने में एक अपना आनन्द है। 'ख़ालिक़-बारी' के बारे में कुछ विद्वानों को मूल संदेह यही है कि उसके भाषिक तथा कलात्मक दोषों के कारण उसे अमीर ख़ुसरो की रचना नहीं माना जा सकता। प्रस्तुत प्रति में न केवल ऐसी कोई बात नहीं बल्कि कुछ पहेलियों से इसका प्रमाण मिलता है कि उनका रचयिता कोई प्रतिभाशाली और बुद्धिमान व्यक्ति है जो न केवल हिन्दवी की बोलियों-ठोलियों में रचा-बसा हुआ है बल्कि अरबी-फ़ारसी में भी निष्णात है, और जिसे इंडिक तथा अरबी-फ़ारसी शब्दों के आलंकारिक तथा आर्थी संबंध जोड़ने में दक्षता प्राप्त है। अस्तु, इस प्रकार के पाठ की यह अपेक्षा है कि इसके संपादन पर अधिकाधिक ध्यान दिया जाए। मैंने अपनी-सी कोशिश के बाद भी जहाँ देखा कि शब्द स्पष्ट नहीं है तो कुछ मित्रों से परामर्श किया। मैं उनका हृदय से आभारी हूँ कि उन्होंने यथेष्ट प्रयास किया : विशेष रूप से पहेली 'कसबिन', 'दफ़्तर', 'फ़रग़ुल' और 'बिवाई' का समाधान करने में मदद दी। फिर भी कुछ कठिनाइयाँ अब भी शेष हैं। उनके सामने उनके संदिग्ध होने का संकेत दे दिया गया है ताकि दूसरे लोग उस ओर ध्यान दे सकें। बहरहाल अपनी ओर से जो भी संभव था कर दिया है। हमारा कर्त्तव्य प्रयत्न करना है, परिणाम भविष्य पर छोड़ देना चाहिए।

कर्मण्येवाधिकारस्ते मा फलेषु कदाचन।

डॉ॰ तनवीर अहमद अलवी का सम्बन्ध खड़ी बोली प्रदेश से है उनका भी कृतज्ञ हूँ कि इस बारे में उनसे भी विचार विमर्श हुआ।

श्री नूर नबी अब्बासी ने हिन्दी अनुवाद में बहुत परिश्रम किया और हक़ अदा कर दिया। मैं उनका भी कृतज्ञ हूँ। वाणी प्रकाशन के निदेशक श्री अरुण महेश्वरी ने प्रकाशन की ज़िम्मेदारी लेकर मेरा बोझ हलका कर दिया। उनका भी हार्दिक आभार प्रकट करता हूँ।

नई दिल्ली

24, अक्टूबर, 2001

गोपी चंद नारंग

विषय सूची

प्रथम भूमिका

अमीर ख़ुसरो का हिन्दवी काव्य :

प्रामाणिकता की समस्या

अमीर ख़ुसरो के नाम से जिस हिन्दी, उर्दू या हिन्दुस्तानी काव्य को संबद्ध किया जाता है उसके बारे में पहला प्रश्न यह उठता है कि उसे क्या संज्ञा देना उचित होगा ? क्योंकि हिन्दी, उर्दू या हिन्दुस्तानी से जो वर्तमान भाषिक अर्थ हमने संबद्ध कर दिए हैं उनके तेरहवीं शताब्दी में विद्यमान होने का प्रश्न ही नहीं उठता। इसके अतिरिक्त ग्रियर्सन ने पश्चिमी हिन्दी और पूर्वी हिन्दी की जिस शब्दावली का निर्माण बिहार से पंजाब तक की भारतीय-आर्य बोलियों के वर्गीकरण के लिए किया था उसे अमीर ख़ुसरो की भाषा पर चरितार्थ करना भी ठीक नहीं होगा क्योंकि एक तो यह शब्दावली मात्र है, इस नाम की कोई भाषा या बोली नहीं है, दूसरे उसकी संकल्पना भी बहुत बाद की है। इसके अतिरिक्त खड़ी बोली या ब्रज या हरियानी बोलियों के नाम भी ऐसे हैं जो कालांतर में दिए गए या प्रचलित हुए। उस काल की बोलियों के नामों का जो विवरण मध्ययुग के स्रोतों में उपलब्ध है वह सदोष और अधूरा है क्योंकि अधिकांश लेखकों ने केवल उन्हीं भाषाओं या बोलियों का उल्लेख कर दिया है जिन्हें वे जानते थे या जिनके प्रदेशों से वे परिचित थे, शेष की उन्होंने उपेक्षा कर दी है। पंद्रहवीं सदी के अंत में शैख़ बहाउद्दीन बाजन (निधन 912 हि॰) ने अपने शेरों की भाषा को 'ज़बान-ए-देहलवी' कहा है। सोलहवीं सदी में अबुलफ़ज़्ल ने 'आईन-ए-अकबरी' में हिन्दी प्रदेश की केवल दो भाषाओं, देहलवी और मारवाड़ी अर्थात् राजस्थानी का उल्लेख किया है। ज़ाहिर है इनके अलावा और भी बहुत-सी बोलियाँ थीं। आधुनिक भाषावैज्ञानिक अनुसंधान के संदर्भ में यह बात अब निश्चित रूप से जान ली गई है कि उस समय हरियाणा, दिल्ली और पश्चिमी उत्तर प्रदेश में शौरसेनी अपभ्रंश की प्रधानता थी। अपभ्रंश का कोई एक व्यवस्थित रूप नहीं था। निश्चय ही प्रत्येक अपभ्रंश में गौण प्रादेशिक विशेषताएँ भी विद्यमान रही होंगी जिन्होंने संबंधित प्रदेशों की बोलियों को जन्म दिया होगा। जब हमें भली प्रकार विदित है कि ब्रजभाषा की परंपरा अकबर से भी पहले की है और अकबर के काल में तो कृष्ण-भक्ति के प्रभाव से ब्रज में प्रचुर मात्रा में साहित्य-सर्जन हो चुका था तो हम अबुलफ़ज़्ल के कथन की शुद्धता को कैसे स्वीकार कर सकते हैं ? यही स्थिति दिल्ली और उसके आसपास की बोलियों की भी होगी जिन्हें आगे चलकर खड़ी बोली और हरियानी के नाम से अभिहित किया गया।

अमीर ख़ुसरो का जन्म 651 हि॰/1253 ई॰ में पटियाली जिला एटा में हुआ।[1] अभी आठ वर्ष के थे कि पिता की छत्रछाया से वंचित हो गए।[2] उसके बाद उनके नाना इमादुलमुल्क ने उनका पालन-पोषण किया जो सुल्तान ग़यासुद्दीन बलबन के काल के अमीरों में से थे और तीस वर्ष तक आरिज़-ए-ममालिक[3] रहे। ज़ाहिर है कि आठ वर्ष की अवस्था में अमीर ख़ुसरो दिल्ली आ गए होंगे। 671 हि॰ में इमादुलमुल्क का भी निधन हो गया।[4] उसके बाद ख़ुसरो सुल्तान बलबन के भतीजे अलाउद्दीन किशलू उर्फ़ मलिक छज्जू के यहाँ नौकर हो गए। दो ही वर्ष के अंदर उनका परिचय बलबन के पुत्र बुग़रा खाँ से हो गया। बुग़रा खाँ सामाना का शासक था जो अब पटियाला (पंजाब) में है। अमीर ख़ुसरो कुछ वर्ष तक सामाना में बुग़रा खाँ से संबद्ध रहे। फिर 678 हि॰ में लखनौती (बंगाल) के शासक तुग़्रिल ने जब विद्रोह किया तो सुल्तान बलबन बुग़रा खाँ को लेकर ख़ुद बंगाल गया और तुग़्रिल को अपदस्थ करके बुग़रा खाँ को बंगाल का शासक बना दिया। "यह बुलबुल-ए-हज़ार दास्तान भी बुग़रा खाँ के साथ था और इस तरह दिल्ली का तूती कुछ दिनों बंगाल की तराई में चहकता रहा।"[5] बाद में अमीर ख़ुसरो दिल्ली आए और बलबन के बड़े बेटे मुहम्मद क़ाआन के संरक्षण में उनके साथ मुल्तान चले गए। 686 हि॰ में उत्तर-पश्चिमी हिन्दुस्तान तातारियों के हमलों से रक्त का सागर बन रहा था। शहज़ादा क़ाआन ने मुल्तान पर यह बाढ़ रोक दी किन्तु बाद में एक तालाब के किनारे नमाज़ पढ़ते हुए शहीद कर दिया गया। अमीर ख़ुसरो भी सैनिक बंदियों के साथ बंदी बनाकर बल्ख़ भेज दिए गए। दो वर्ष बाद रिहा होकर दिल्ली आए। सुल्तान बलबन के बाद उसका पौत्र बुग़रा खाँ का पुत्र कैक़ुबाद बादशाह हुआ। अमीर ख़ुसरो उस समय अवध प्रांत के शासक ख़्वाजा अहसान के साथ अवध चले गए और दो वर्ष वहाँ रहे। कैक़ुबाद दिल्ली के सिहांसन पर बैठकर विलासिता में पड़ गया। यह देखकर उसके पिता बुग़रा खाँ ने जो बंगाल का शासक था दिल्ली की ओर प्रस्थान किया। बेटे ने अपने कपूत होने का प्रमाण देकर पिता का सामना करना चाहा। लेकिन अमीरों ने बीच-बचाव करके पिता-पुत्र में सुलह करा दी। अमीर ख़ुसरो ने इस घटना पर एक रोचक क़सीदा लिखा। कैक़ुबाद ने अमीर ख़ुसरो से अनुरोध करके अपने ऊपर 688 हि॰ में पूरी मसनवी लिखवाई जिसका नाम 'क़िरानउस्सादैन' (दो शुभ ग्रहों का मिलन) है। अब ख़ुसरो कैक़ुबाद के पार्षद और मित्र ही नहीं बल्कि कवि-सम्राट की हैसियत रखते थे।[6] 689 हि॰ में कैक़ुबाद मृत्यु के उपरांत अमीर ख़ुसरो जलालुद्दीन फ़ीरोज़ ख़िलजी से संबद्ध हो गए। उन्होंने 690 हि॰ में बादशाह की विजयों पर मसनवी लिखी

---

1. डॉ॰ मुहम्मद वहीद मिर्ज़ा : अमीर ख़ुसरो, इलाहाबाद, 1949 ई॰ पृ॰ 26; 2. वही पृ॰ 37; 3. सैनिकों की उपस्थिति लेने वाला अधिकारी; 4. वहीद मिर्ज़ा, पृ॰ 55; 5. सैयद सुलेमान नदवी : ख़ुसरो' मआरिफ़' स॰ 3, खण्ड 83, पृ॰22; 6. डॉ॰ वहीद मिर्ज़ा, पृ॰102;

और उसका नाम 'मिफ़्ताहुल फ़ुतूह' (विजय की कुंजी) रखा।[1] अलाउद्दीन ख़िलजी 695 हि॰ में गद्दी पर बैठा।[2] अमीर ख़ुसरो का तीसरा और सबसे अधिक महत्त्वपूर्ण दीवान 'गुर्रःतुल कमाल' 693 हि॰ में संकलित हुआ।[3] डॉ॰ वहीद मिर्ज़ा लिखते हैं कि..."अलाउद्दीन का समय अमीर ख़ुसरो के चरमोत्कर्ष का युग था और उनकी अधिकांश रचनाएँ उसी काल में पूरी हुईं। 'गुर्रःतुल कमाल' की रचना भी अलाउद्दीन के काल में ही हुई।[4] आगे चलकर जब अलाउद्दीन तख़्त पर बैठा तो अमीर ने उसके लिए 718 हि॰ में मसनवी 'नुह सिपहर' (नौ आकाश) की रचना की और सुल्तान ने हाथी के बराबर तोलकर रूपए शाइर को इनाम में दिए।[5] ख़िलजियों के बाद तुग़लक़ों को बोलबाला हुआ तो उन्होंने भी अमीर की क़द्रदानी में कमी नहीं की। ग़यासुद्दीन तुग़लक़ ने जब बंगाल की यात्रा की तो अमीर भी साथ गए। इसी बीच अमीर के पीर सुल्तान-उल-औलिया हज़रत निज़ामुद्दीन का निधन हो गया। दिल्ली आए तो यह शोक-समाचार सुन कर बहुत दुखी हुए। अपने पीर-ओ-मुर्शिद के देहांत के बाद ख़ुसरो अधिक समय तक जीवित न रहे और 725 हि॰/1325 ई॰ में उनका देहावसान हो गया।[6]

इस संक्षिप्त जीवनी से यह प्रकट करना अभीष्ट है कि अमीर ख़ुसरो के तीसरे दीवान 'गुर्रःतुल कमाल' की रचना के समय तक, जिसमें अमीर ख़ुसरो के हिन्दवी में शेर कहने का सबसे महत्त्वपूर्ण और मौलिक प्रमाण मिलता है, यद्यपि अमीर ख़ुसरो नौकरी के सिलसिले में दिल्ली से बाहर आते-जाते रहे फिर भी उनका अधिक समय दिल्ली में ही बीता और कैक़ुबाद के काल में दरबार से नियमित रूप से संबद्ध होने के बाद तो वह प्रायः दिल्ली ही में रहे। उनकी माता भी दिल्ली ही में थीं और दिल्ली राजधानी थी। यही कारण है कि दिल्ली से उनका संबंध कभी नहीं टूटा। इसलिए उनकी भाषा वही होनी चाहिए जो उस समय दिल्ली की भाषा थी।

मसनवी 'नुह सिपहर' के तीसरे सिपहर में अमीर ख़ुसरो ने अपने काल की हिन्दुस्तानी भाषाओं की सूची निम्नलिखित शब्दों में दी है :

सिंदी[7] ओ-लाहौरी[8]-ओ-कश्मीर[9]-ओ-गर[10]
धुर समंदरी[11] तिलंगी[12]-ओ-गुजर[13]
माबरी[14]-ओ-गोरी[15]-ओ-बंगाल[16]-ओ-अवध[17]
दिल्ली[18]-ओ-पैरामनश अंदर हमा हद
ई हमा हिन्दवीस्त ज़ि ऐय्याम-ए-कुहन
आम्मा बकारस्त बहर गूना सुख़न

---

1. वहीद मिर्ज़ा, पृ॰ 245; 2. वही, पृ॰ 119; 3. वही, पृ॰ 216; 4. वही, पृ॰ 141-142; 5. वही, पृ॰ 255; 6. वही, पृ॰ 186; 7. सिंधी; 8. पंजाबी; 9. कश्मीरी; 10. मराठी; 11. कन्नड़; 12. तेलुगु; 13. गुजराती; 14. तमिल; 15. असमिया; 16. बंगला; 17. अवधी; 18. दिल्ली

[सिंधी, पंजाबी, कश्मीरी, मराठी, कन्नड़, तेलुगु, गुजराती, तमिल, असमिया, बंगला, अवधी, दिल्ली और उसके आसपास जहाँ तक उसकी सीमा है इन सब को प्राचीन काल से 'हिन्दवी' नाम से जाना जाता है। बहरहाल, अब मैं अपनी बात शुरू करता हूँ।]

संस्कृत का उल्लेख ख़ुसरो अलग करते हैं। उसके बारे में दो शेर अलग से लिखे हैं कि संस्कृत को ब्राह्मण जानते हैं। इसका संबंध प्राचीन युग से है और जनसाधारण इस भाषा से अभिज्ञ नहीं।

लेक ज़बानीस्त दिगर कज़ सुख़नाँ
आनस्त गुज़ीं निज़्द हमा बरहमनाँ
सेंस्कृत नाम ज़ि अहद-ए-कुहनश
आम्मा नदारद ख़बर अज़ कुन मकुनश

[लेकिन इसके अतिरिक्त कुछ अन्य भाषाएँ भी हैं और उनमें ब्राह्मणों की भाषा का विशिष्ट स्थान है जिसे बहुत प्राचीन काल से 'संस्कृत' कहा जाता है। इस भाषा की बारीकियों से जन-साधारण परिचित नहीं है।]

ऊपर हिन्दुस्तानी भाषाओं के बारे में जो पंक्तियाँ उद्धृत की गई हैं उनमें अमीर ख़ुसरों ने हिन्दुस्तान की जिन बारह भाषाओं का उल्लेख किया है पाँचवें मिसरे में उन सबको 'हिन्दवी' कहा है जिसका अर्थ यह है कि ख़ुद अमीर ख़ुसरो की भाषा दिल्ली का निवासी होने के नाते 'देहलवी' हुई जो इस सूची की बारहवीं भाषा है और जिसे ख़ुसरो दिल्ली और दिल्ली के आसपास की भाषा बताते हैं मानो अमीर ख़ुसरो ने जिस हिन्दी, उर्दू या हिन्दुस्तानी में शेर कहे हैं उसे 'देहलवी हिन्दवी' कहना चाहिए। सुविधा की दृष्टि से प्रस्तुत लेख में इसे केवल हन्दवी' कहा जाएगा। इसी प्रकार खड़ी बोली या ब्रज के नाम से वे भाषायी विशेषताएँ अभीष्ट होंगी जो कालांतर में खड़ी बोली या ब्रज के नाम से जानी जाती हैं।

अमीर ख़ुसरों के पिता तुर्क और माता हिन्दुस्तानी नस्ल से थीं।[1] उनके नाना इमादुलमुल्क न सिर्फ हिन्दुस्तानी थे बल्कि गोरे रंग के भी न थे। वह तांबुल यानी पान के बहुत शौक़ीन थे और अपनी गोष्ठी में पान बाँटा करते थे।[2] लगता है हिन्दवी अमीर ख़ुसरो को अपनी माता और नाना से विरसे में मिली थी। अमीर ख़ुसरो को अपने हिन्दुस्तानी होने पर गर्व था। मसनवी 'नुह सिपहर' में हिन्दुस्तान का संकेत करते हुए कहते हैं :

हस्त मरा मौलिद-ओ-मावा-ओ वतन

[यही मेरा जन्मस्थान और यही मेरी मातृभूमि है।]

वह हिन्दुस्तान के सच्चे प्रेमी और पक्के देशभक्त थे। अपने काव्य में जहाँ-जहाँ

1. डॉ॰ वहीद मिर्ज़ा, पृ॰ 40-41; 2. वही, पृ॰ 43

वह हिन्दुस्तान की प्रशंसा करते हैं, उनकी आत्मा झूम उठती है और जैसे उनके मुँह से फूल झड़ने लगते हैं। मसनवी 'नुह सिपहर' का सबसे बड़ा और महत्त्वपूर्ण तीसरा परिच्छेद पूरा हिन्दुस्तान की स्तुति में है। इस में चार-पाँच सौ शेर हैं जिनमें हिन्दुस्तान के निवासियों की बुद्धिमत्ता, उनके धार्मिक विश्वास, विद्वता, भाषाओं, रस्म-रिवाजों, पक्षियों, मौसमों, फलों, फूलों आदि सभी बातों के बारे में जितने प्रभावकारी ढंग और भावप्रवणता के साथ शेर कहे हैं उसकी मिसाल शायद ही किसी दूसरे शाइर के यहाँ मिल सके। एक स्थल पर उन्होंने अपनी पैतृक भाषा तुर्की और फ़ारसी पर हिन्दी को वरीयता प्रदान की है :

इस्बात गुफ्त हिन्द बहुज्जत कि राजेह-अस्त
बरपारसी-ओ-तुर्की अज़ अलफ़ाज़-ए-ख़ुशगवार

[फ़ारसी और तुर्की की अपेक्षा हिन्दवी अपने मधुर शब्दों के कारण अधिक लोकप्रिय है।]

अमीर ख़ुसरो के हिन्दवी काव्य के बारे में सबसे महत्त्वपूर्ण परंपरा 'गुर्रःतुल कमाल' की है। यह दीवान 693 हि॰ में संकलित हुआ जब ख़ुसरो की उम्र तैंतालीस वर्ष की थी। 'गुर्रःतुल कमाल' की भूमिका में चूँकि कई आवश्यक बातें आ गई हैं, हम इस पूरे भाग को बिना एक शब्द घटाए ज्यों-का-त्यों उद्धृत करते हैं :

तुर्क-ए-हिन्दुस्तानेम मन हिन्दवी गोयम चु आब
शक्कर-ए-मिसरी न दारम कज़ अरब गोयम सुख़न

[मैं हिन्दुस्तान में जन्मा एक तुर्क हूँ। मैं हिन्दवी धाराप्रवाह बोल सकता हूँ। मेरे पास अरबी भाषा की मिठास नहीं है कि उसमें बातचीत करूँ।]

"जुज़्व-ए-चंद, नज़्म-ए-हिन्दवी, नीज़ नस्र (नज़्र)-ए-दोस्ताँ कर्दा शुदा अस्त। ईंजाहम बदीगरे बस कर्दम-ओ-नज़र बरआँदाश्त कि लफ्ज़-ए-हिन्दवी दर पारसी-ए-लतीफ़ आवुर्दन चंदा लुत्फ़-ए-नदारद। मगर बज़रूरत आँ जा कि ज़रूरत बूदा अस्त आबुर्दा शुद।"

[मैंने हिन्दवी की कुछ कविताएँ और गद्य रचनाएँ मित्रों की भेंट की हैं। इसलिए यहाँ कुछ ऐसी ही रचनाओं को काफी समझा। मैं इस बात से भली प्रकार अवगत हूँ कि शुद्ध फ़ारसी काव्य में हिन्दवी शब्दों के प्रयोग से उतना आनंद नहीं आता लेकिन फिर भी मैंने आवश्यकतावश कहीं-कहीं हिन्दवी के शब्दों का प्रयोग किया है।]

चु मन तूती-ए-हिन्दम अर रास्त पुर्सी
ज़ि मन हिन्दवी पुर्स ता नग़्ज़ गोयम

[चूँकि मैं तूती-ए-हिन्द हूँ, इसलिए मुझसे हिन्दवी के संबंध में पूछिए ताकि उसमें मैं अपनी काव्यकला प्रदर्शित कर सकूँ।]

ज़िक्र-ए-तरतीब-ए-सेह दीवान, पेश अर्ज़ी अज़ शाहान-ए-सुख़न कसेरा सेह

दीवान न बूद, मगर मरा कि ख़ुस्रवे-ममालिक-ए-कलामम, मसूद साद सल्मान रा अगर्चे हस्त अम्माँ आँ सेह दीवान दर इबारत-ए-अरबी-ओ-पारसी-ओ-हिन्दी(हिन्दवी) दर पारसी मुजर्रद कसे सुख़न रा सेह क़िस्म नकर्दा जुज़ मन कि दरईं, कार क़स्साम-ओ-आदिलम[1]।''

[तीन दीवानों (काव्य-संग्रह) के संबंध में मुझे यह कहना है कि मुझसे पहले किसी ने तीन काव्य संग्रह संकलित नहीं किए। मैं कवि-सम्राट हूँ। यह ठीक है कि मसूद साद सल्मान के तीन दीवान हैं जो अरबी, फ़ारसी और हिन्दवी में हैं लेकिन मुझसे पहले किसी ने शुद्ध फ़ारसी में इस प्रकार के तीन दीवानों का संकलन नहीं किया था।]

इस वक्तव्य के सदंर्भ में इसमें तो कोई संदेह नहीं कि ख़ुसरो ने हिन्दवी में शेर कहे थे लेकिन यह भी सच है कि उन्होंने अपना हिन्दवी काव्य कभी नियमित रूप से एकत्र नहीं किया। 'गुर्रःतुल कमाल' के उपर्युक्त उद्धरण ''जुज़्व-ए-चंद नज़्म-ए-हिन्दवी नज़्र-ए-दोस्ताँ कर्दा शुदा अस्त'' को अधिकांश विद्वानों ने सदंर्भ से अलग करके प्रस्तुत किया है। इसके अलावा इसे मसूद साद सल्मान (मृत्यु 515 हि॰) के तीन दीवान वाले कथन से भी, जो इसके तत्काल बाद आया है, अलग करके देखा है। यही कारण है कि इससे ग़लत परिणाम निकाले हैं। उदाहरण के लिए यह कि अमीर ख़ुसरो ने हिन्दवी में शेर तो ज़रूर कहे थे लेकिन उनकी संख्या बहुत कम थी। इसलिए अमीर ने उन्हें अपने मित्रों को उपहार में दे दिया। या यह कि अमीर की दृष्टि में उनका हिन्दवी काव्य मसूद साद सल्मान के दीवान के बराबर नहीं था वरना यदि उनका हिन्दवी काव्य पर्याप्त होता तो वह इस अवसर पर अपने हिन्दवी दीवान का उल्लेख अवश्य कर सकते थे। मेरा विचार है कि यहाँ अधिकांश ख़ुसरो विशेषज्ञ इन दोनों गर्वपूर्ण शेरों की अनदेखी कर देते हैं जो इस कथन से तत्काल पहले और तत्काल बाद आए हैं। साथ ही मसूद सल्मान पर अपनी श्रेष्ठता सिद्ध करने के लिए अमीर ख़ुसरो ने गर्वोक्ति के ठीक बाद जो तर्क प्रस्तुत किया है उसमें जो सूक्ष्म बात है—अर्थात् एक भाषा में तीन दीवान एकत्र करने की—उसे भी विशेषज्ञों ने अनदेखा कर दिया है। इसके अतिरिक्त ''जुज़्व-ए-चंद नज़्म-ए-हिन्दवी''...से जुड़ा हुआ शब्द ''हिन्दवी दर पारसी लतीफ़ आवुर्दन चंदाँ लुत्फ़ी नदारद मगर बज़रूरत आँ जा कि ज़रूरत बूदा अस्त आवुर्दा शुद''[2] में सिद्धांत से विचलित होने की जिस विवशता का संकेत है वह हिन्दवी काव्य के एक अतिरिक्त भाग की ओर जिस प्रकार इंगित करता है उस पर भी विशेषज्ञों

1. दीबाचा-ए-'गुर्रःतुल कमाल', प्रकाशन-वर्ष ? पृ. 66; 2. फ़ारसी काव्य में हिन्दवी शब्दों के प्रयोग से उतना आनंद नहीं आता लेकिन फिर भी मैंने आवश्यकतावश कहीं-कहीं हिन्दवी के शब्दों का प्रयोग भी किया है।

ने अभी तक पर्याप्त ध्यान नहीं दिया। मेरे विचार में 'ग़ुर्रःतुल कमाल' के इस महत्त्वपूर्ण कथन से निम्नांकित निष्कर्ष निकाले जा सकते हैं :

1. दोनों शेरों से यह बात सर्वथा स्पष्ट हो जाती है कि ख़ुसरो हिन्दवी में बात करने या शेर कहने को न केवल अपनी प्रतिष्ठा के विपरीत नहीं समझते थे वरन् उस पर उन्हें गर्व था। उन्हें हिन्दवी में अपनी 'नग़्ज़ गोई' (श्रेष्ठ काव्यरचना) और अद्भुत काव्य प्रतिभा की भी गहरी अनुभूति थी।
2. ''जुज़्व-ए-चंद नज़्म-ए-हिन्दवी नीज़ (नज़्र)-ए-दोस्ताँ कर्दाशुदा अस्त'' का यह अर्थ कदापि नहीं कि ख़ुसरों ने हिन्दवी में कुछ ही शेर कहे थे। तैंतालीस वर्ष की अवस्था तक हिन्दवी शेरों की कुल संख्या क्या थी इसका कहीं उल्लेख नहीं है। अलबत्ता केवल वे हिन्दवी के शेर जो मित्रों को भेंट किए, वे ''जुज़्व-ए-चंद'' थे, समस्त हिन्दवी काव्य को ''जुज़्व-ए-चंद'' समझना इस वाक्य का ग़लत अर्थ लगाना है।
3. ''जुज़्व-ए-चंद...''वाला वाक्य गर्वपूर्ण शेर ''तुर्क हिन्दुस्तानियम मन हिन्दवी गोयम चु आब...''वाले शेर के फ़ौरन बाद का है। इन दोनों को मिलाकर पढ़ा जाए तो इसका यह अर्थ निकलता है कि अमीर का हिन्दवी काव्य इतना लोकप्रिय था कि उसके ''जुज़्व-ए-चंद'' उन्होंने मित्रों को भेंट कर दिए।
4. ख़ुसरो के विचार में अरबी में फ़ारसी शब्द मिलाना उचित नहीं था। इसी प्रकार फ़ारसी में हिन्दवी का पैबंद भी सिद्धांत के अनुकूल नहीं था। किन्तु अपने इस सिद्धांत की (लोकापेक्षा के कारण) उन्होंने अवहलेना भी की थी। उनका हिन्दवी काव्य तो अपनी जगह पर था लेकिन एक भाग ऐसा भी था जहाँ उन्होंने हर प्रकार की भाषायी खिलवाड़ को मान्यता दी थी। इसलिए ''जुज़्व-ए-चंद'' वाले वाक्य के बाद क्षमा-याचना भी दी गई है कि जहाँ आवश्यक था वहीं अवहेलना की गई है। इससे प्रकट होता है कि सामान्य हिन्दवी काव्य के अतिरिक्त उनके काव्य का एक अंश ऐसा भी था जिसमें अमीर ने फ़ारसी-हिन्दवी को जोड़ दिया था वरना गर्वोक्ति में क्षमायाचना की क्या आवश्यकता थी ? मानो हिन्दवी काव्य मुख्य था और जिसमें दो भाषाओं का पैबंद था वह गौण।
5. मसूद साद सल्मान पर अपनी श्रेष्ठता सिद्ध करने का तर्क यही है कि मुझसे पहले किसी के तीन दीवान नहीं थे सिवाय मसूद सल्मान के। लेकिन उसके दीवान तीन भाषाओं में अलग-अलग हैं—अरबी, फ़ारसी और हिन्दवी में—जबकि मेरे, चूँकि मैं ममालिक-ए-कलाम (काव्य-जगत) का ख़ुसरो (सम्राट) हूँ, केवल फ़ारसी में ही तीन दीवान

हैं। प्रकारांतर से वह यह कहना चाहते हैं कि फ़ारसी में काव्य-रचना में मुझे जो दक्षता प्राप्त है और जितनी मेरी रचनाएँ हैं उनकी संख्या मेरे पूर्ववर्ती कवियों से कहीं अधिक है। उनकी यह उक्ति "ज़िमन-ए-हिन्दवी पुर्स ता नग़्ज़ गोयम" के बाद की है और संभव है यह केवल सतुंलन स्थापित करने की दृष्टि से कही गई हो। यह इस अनुभूति का भी संकेत हो सकता है कि हिन्दवी पर तो उन्हें अधिकार है ही लेकिन फ़ारसी में भी वह अपने सभी पूर्ववर्ती कवियों से आगे हैं। जब मसूद साद सल्मान से बाज़ी ले जाने के लिए तर्क का सारा बल फ़ारसी काव्य के परिमाण पर है तो हिन्दवी काव्य की मात्रा के लिए इस कथन में गुंजाइश कहाँ थी वरना वह तर्क ही निष्फल हो जाता।

6. "तज़्किरा-ए-अरफ़ात" में औहदी का यह कथन जिसे 'जवाहर-ए-ख़ुसरवी' के लेखक ने उद्धृत किया है और जिससे डॉ॰ वहीद मिर्ज़ा[1] और डॉ॰ ज्ञानचंद जैन[2] ने असहमति व्यक्त करके ठीक ही किया है कि अमीर ख़ुसरो के "हिन्दवी कलाम का हिस्सा फ़ारसी कलाम से बहुत ज़्यादा था" स्पष्टतः अतिशयोक्ति है। लेकिन अमीर का हिन्दवी काव्य इतना कम भी न था कि उसे 'जुज़्व-ए-चंद' समझ लिया जाए। मीर तक़ी 'मीर' ने 'निकात-उश्शु-अरा' (कवियों के जीवन तथा काव्य पर टिप्पणी) में लिखा है :

"अशआर-ए-रेख़्ता आँ बुज़ुर्ग बिसियार दारद।"[3]

[उनके काव्य में रेख़्ता(प्राचीन उर्दू) में शेरों की भी भारी संख्या है।]

7. अमीर ख़ुसरो फ़ारसी में इतना ज़्यादा कह लेते थे और उनकी वह प्रतिष्ठा थी कि अपनी साहित्यिक श्रेष्ठता मनवाने के लिए उन्हें मसूद साद सल्मान की तरह दूसरी भाषाओं का आश्रय लेने की आवश्यकता नहीं थी। हिन्दवी अमीर ख़ुसरो की मातृभाषा थी। उससे उन्हें अपार प्रेम था और उसमें वह 'नग़्ज़ गोई' करने की कुशलता रखते थे। लेकिन उन्होंने अपने हिन्दवी काव्य को संगृहीत नहीं किया।
8. 'गुर्रःतुल कमाल 693 हि॰ में संकलित हुआ जब अमीर ख़ुसरो की

---

1. डॉ॰ वहीद मिर्ज़ा, पृ॰ 329; 2. प्रस्तुत लेख लिखते हुए मैंने डॉ॰ वहीद मिर्ज़ा और डॉ॰ ज्ञानचंद जैन से विशेष रूप से लाभ उठाया है। डॉ॰ ज्ञानचंद जैन का आभारी हूँ कि उन्होंने अपना लेख "खड़ी बोली के इर्तिका (विकास) में अमीर ख़ुसरो का हिस्सा" पढ़ने के लिए दिया। इस लेख में जहाँ-जहाँ उनका उल्लेख हुआ है वह उनका यही लेख है। यह लेख ज़ोय अन्सारी तथा अबुल फ़ैज़ सहर द्वारा संपादित 'ख़ुसरो शनासी', नई दिल्ली, 1975 में सम्मिलित है–पृ॰ 199-222; 3. मीर तक़ी मीर : 'निकातुश्शुअरा' संपा॰ मौलवी अब्दुल हक़, औरंगाबाद, दूसरा संस्करण 1935, पृ.2

आयु तैंतालीस वर्ष थी। उनकी मृत्यु बत्तीस वर्ष बाद 725 हि॰ में हुई। उस युग में जब ऐतिहासिक और सामाजिक माँग के कारण हिन्दवी का चलन बढ़ रहा था, यह बात ध्यान देने योग्य है कि इन बत्तीस वर्षों में अमीर ख़ुसरो ने और कितनी काव्य-रचना हिन्दवी में की होगी। चूँकि हिन्दवी को अभी साहित्यिक प्रतिष्ठा प्राप्त नहीं हुई थी, उन्होंने मसूद साद सल्मान के साथ होड़ में आगे निकलने के लिए या अन्य किन्हीं ऐसे कारणों से हिन्दवी को साहित्यिक अभिव्यक्ति का माध्यम नहीं बनाया। अलबत्ता स्वेच्छा से और मित्रों के अनुरोध पर जनसाधारण की आवश्यकता पूर्ति के लिए वह हिन्दवी में शेर कहते रहे। लेकिन उन्होंने उसे मनोरंजन और दिलबहलाव का ही साधन बनाया।

अमीर ख़ुसरो के नाम से जुड़े हुए हिन्दवी काव्य को तीन खंडों में विभक्त किया जा सकता है।

1. हिन्दवी की वे पंक्तियाँ या मिसरे जो फ़ारसी-मिश्रित होकर अमीर ख़ुसरो के फ़ारसी काव्य में आए और जो निश्चित रूप से अमीर ख़ुसरो की वाणी हैं और हर प्रकार के संदेह से परे हैं।
2. अमीर ख़ुसरो से संबद्ध वह हिन्दवी काव्य जिसका उल्लेख बाद में आने वाले तज़्किरानवीसों, शाइरों या लेखकों ने किया है।
3. अमीर ख़ुसरो से संबद्ध वह हिन्दवी काव्य जिसे विभिन्न स्रोतों से एकत्र करके मौलाना मुहम्मद अमीन अब्बासी चिरैयाकोटी ने लाली-ए-अम्मान में जो 'जवाहर-ए-ख़ुसरवी' के नाम से जाना जाता है, अलीगढ़ से प्रकाशित किया था जिसमें पहेलियाँ, मुकरियाँ (कहमुकरनियाँ), दोसुख़ने, अनमिल, दोहे, गीत आदि सम्मिलित हैं।

[1]

अमीर ख़ुसरो का हिन्दवी काव्य अपनी लोकप्रियता के कारण पीढ़ी-दर-पीढ़ी हस्तांतरित होता रहा है और इन सात शताब्दियों में वह हमारी लोक-परंपरा या लोक-साहित्य का अंग बन गया है। लाखों-करोड़ों ज़बानों पर चढ़ने से उसमें संशोधन-परिवर्धन अवश्य हुआ होगा। संभव है कि अमीर ख़ुसरो से संबद्ध काव्य के कुछ अंश मौलिक हों किन्तु कई अंश निश्चय ही ऐसे भी हैं जिन्हें कालांतर में बढ़ाया जाता रहा है। इसलिए ऐसे काव्य की समीक्षा करते समय ऐतिहासिक तथा भाषायी दोनों प्रकार के साक्ष्यों पर दृष्टिपात करना होगा।

सबसे पहले उस मिश्रित हिन्दवी काव्य को ही लें जो अमीर ख़ुसरो के उन प्रामाणिक संग्रहों में मिलता है जिनका संकलन स्वयं अमीर ख़ुसरो ने किया था।

(1) **आरी आरी हमा बियारी आरी**
मारी मारी बिरह कि मारी आरी[1]

अमीर ख़ुसरी ने इसे 'गुर्रःतुल कमाल' की भूमिका में श्लेष (ईहाम) के अंतर्गत प्रस्तुत किया है : "बाज़ ईहामी दीगर बर बसस्त कर्दा अम कि यक तरफ़ हमा हिन्दवी मी उफ्तद।"[2] [मैंने कुछ शब्दों का प्रयोग 'ईहाम' के रूप में इस प्रकार किया है कि उनका एक अर्थ हिंदवी में भी निकलता है।] डॉ॰ वहीद मिर्ज़ा ने लिखा है कि यह शेर "फ़ारसी और हिन्दी दोनों ज़बानों का हो सकता है।"[3] इसके विपरीत डॉ॰ ज्ञानचंद जैन का मत है कि इस शेर के दूसरे मिसरे को

मारे मारे बिरह के मारे, आरे

पढ़ना उचित होगा। हमारे विचार में यह दोनों तरह से सार्थक है। अगर 'मारे आरे' पढ़ा जाए तो लुप्त सर्वनाम पुल्लिंग होगा लेकिन यह फ़ारसी से दूर हो जाएगा जबकि अगर याए मारूफ़ (ई) पढ़ा जाए तो लुप्त सर्वनाम स्त्रीलिंग होगा अर्थात् संबोधन विरहिन से होगा, जो समझ में आता है। इस शेर में क्रिया की संरचना विचारणीय है : 'आरी' में आना क्रिया से आ और 'मारी' मारना से उन तत्त्वों का स्पष्ट संकेत दे रहे हैं जो बाद में खड़ी बोली में रूढ़ हो गए। हिन्दी काव्य परंपरा में विरहिन का वर्णन होता था 'मारी मारी बिरह कि (की) मारी आरी' यह पंक्ति अमीर ख़ुसरो के हिन्दवी का कवि होने का पक्का प्रमाण है।

(2) **रफ्तम ब तमाशा-ए-कनार-ए-जूए**
दीदम व लब-ए-आब ज़न-ए-हिन्दूए
गुफ्तम सनमा बहा-ए-ज़ुल्फ़त चे बुवद
फ़रियाद बर आवर्द कि 'दुर दुर मूए'[4]

[मैं सैर के लिए एक नदी के तट पर गया जहाँ मैंने एक हिन्दू स्त्री को देखा। मैंने उससे पूछा कि तेरे सुंदर अलकों का क्या मूल्य है तो उसने दुहाई देकर उत्तर दिया कि मेरे एक-एक बाल का मूल्य मोतियों के बराबर है। यहाँ श्लेष है और हिन्दी में 'दुर दुर' (दूर हो !) तथा मूए (मुए/मरे) ये दोनों अर्थ निकलते हैं।]

---

1. मेरे पास 'गुर्रःतुल कमाल' की भूमिका की जो मुद्रित प्रति है उसमें यह शेर इस प्रकार है : आई आई हमाँ बियारी आई, मारी मारी बिराह मोरी आई (भूमिका, पृ॰ 63) जो लिखावट की अशुद्धि लगती है। दे॰ डॉ॰ वहीद मिर्ज़ा, पृ॰ 322; 2. 'गुर्रःतुल कमाल' की भूमिका, पृ॰ 63; 3. वही, पृ॰ 322; 4. महमूद शीरानीः 'पजांब में उर्दू', लाहौर, दूसरा संस्करण, पृ॰ 171 तथा डॉ॰ वहीद मिर्ज़ा पृ॰ 322; 'पंजाब में उर्दू' "गुफ्तम सनमा चीस्त बहाए मूयत" है;

'दुर-दुर मूए'—अर्थात् मुरदार दूर हो—स्त्रियों की बोलचाल से संबंध रखता है और आज भी योंही बोला जाता है।

(3) **गुजरी कि तो दर हुस्न-ओ-लताफ़त चु मही**
आँ देग-ए-दही बरसर-ए-तो चत्र-ए-शही
अज़ हर दो लबत क़ंद-ओ-शकर मी रेज़द
हर गाह बगोई कि ''दही लेहो दही''[1]

[ए गुर्जरी तू चंद्रमा के समान सुन्दर है और तेरे सिर पर दही की जो यह मटकी है यह सम्राटों के राजमुकुट के समान है। जब तू 'दही लो, दही !' कहती है तो ऐसा लगता है जैसे तेरे दोनों होंठों से शहद टपक रहा हो।]

इसमें 'लेहो' ब्रज है। ख़ुसरो का बचपन पटियाली ज़िला एटा में गुज़रा था जो ब्रज का इलाका है। संभव है यह बचपन का प्रभाव हो या चूँकि दिल्ली की भाषा पर ब्रज का प्रभाव रहा है, यह उसका परिणाम हो या फिर ख़ुसरो ने गुजरी के मूल और बोलने की दृष्टि से 'लेहो' कहा हो।

(4) **तेली पिसरे कि मी फरोशद तेले**
अज़ दस्त-ओ-ज़बान-ए-चरब-ए-ऊ वावैले
ख़ाल-ए-बरूख़श दीदम-ओ-गुफ्तम कि तिलस्त
गुफ्ता कि ''बिरौ नीस्त दरईं तिल तेले''[2]

[तेली का बेटा जो तेल बेचता है उसके हाथ और जीभ ऐसे चलते हैं कि बस ! उसके गाल पर तिल देखकर मैंने कहा क्या यह तिल है ? तो उसने उत्तर दिया दूर हो जाओ यह वह तिल नहीं जिसमें से तेल निकल सके। अर्थात् जो तुम कह रहे हो मैं वह समझता हूँ और तुम्हारी इच्छा पूरी नहीं होगी।]

चौथा मिसरा स्पष्ट ही खड़ी बोली के मुहावरे 'इन तिलों मे तेल नहीं' का अनुवाद है। तिल, तेल और तेली हिन्दी प्रदेश की सभी बोलियों में मिलते हैं।

(5) **हिन्दू सनमे कज़ू-रुख़म शुद काही**
दर्दा कि नदारद ज़िग़मम आगाही
गुफ्तम ज़ि लबत कार-ए-मन-ए-ख़स्ता बरआर
दरख़ंदा शुद-ओ-गुफ्त कि 'नाही ''नाही''[3]

[अति सुन्दर वह हिन्दू सनम जिसकी विरह-यातना सहते-सहते मेरा मुँह

---

1. महमूद शीरानी : पंजाब में उर्दू, पृ. 171; 3. जवाहर-ए-ख़ुसरवी, रुबाइयात-ए-पेशा-बराँ, पृ. 5. महमूद शीरानी ने 'बरुख़श' के बजाय 'बलबश' लिखा है, लेकिन 'जवाहर' में यही पाठ है 'पंजाब में उर्दू' पृ. 171; 3. जवाहर-ए-ख़ुसरवी, रुबाइयात-ए-पेशावराँ, पृ.1;

निकल आया है। अफसोस कि उसे मेरी पीड़ा का कोई एहसास नहीं। मैंने उससे कहा कि तेरे होंठों से मेरा भी तो कुछ काम निकले तो वह हँसकर बोला नहीं, नहीं।]

नाही-नाही, नाहीं-नाहीं या नहीं-नहीं का बदला हुआ रूप है।

(6) **हज्जाम पिसर बख़ूबी-ओ-रानाई**
वै आईना बिनमूद बदाँ, ज़ेबाई
गुफ्तम सनमा दर बरत आयम, नायम
फ़रियाद बर आवुर्द कि "नाई नाई"[1]

[नाई के बेटे ने जो बहुत सुंदर था कल मुझे बड़े सुंदर ढंग से आईना दिखलाया। मैंने उससे कहा कि तेरे पास आऊँ या न आऊँ ? तो वह फ़रियाद करते हुए बोला नाई नाई (नहीं नहीं)।]

(7) **हिन्दू बचा दीदम चु शकर सर ता पा**
हैराँ कुनमश चु बीनमश सर ता पा
बा ऊ गुफ्तम कि हिन्दू अज़ चीस्त व गो
हर मू-ए-ख़तश गुफ़्त कि "मोरे बा पा"[2]

[मैंने एक लड़के को देखा जिसमें सिर से पैर तक मिठास ही मिठास थी। मैं उसे ऊपर से नीचे तक देखकर दंग रह गया। मैंने उससे पूछा कि अपने हिन्दू होने की कोई बात तो बताओ। उसके एक-एक रोएँ ने कहा बाप रे बाप।]

(8) **तंबोली-ए मन चु मजलिस-ए-बादा कुनम**
आईनः-ए-दिल ज़ि ज़ंग-ए-ग़म सादा कुनम
यक लहज़ा अगर व मन सुपारी दिल-ए-ख़ुद
अज़ नुक्ल-ए-तो बर्ग-ए-ऐश आमादः कुनम[3]

[हे तंबोली जब मैं मदिरा पान की सुन्दर सभा का आयोजन करूँगा और जब मैं अपने दिल को ग़म और दर्द से ख़ाली कर दूँगा (दुःख भूल जाऊँगा) उस समय यदि तू एक क्षण के लिए मुझे अपना दिल दे दे तो मेरी इस महफ़िल में खान-पान का सुख प्राप्त हो जाए। सुपारी का अर्थ छाली भी होता है और 'सुपुर्द करना' भी।]

इसमें 'तंबोली' और 'सुपारी' हिन्दी प्रदेश के शब्द हैं और 'बर्ग-ए-ऐश' से पान की झलक देखी जा सकती है। इसके अलावा इस संग्रह में 'जोगी पिसर' और सनासी (संन्यासी) पिसर पर भी रुबाइयाँ हैं।

9. मसनवी 'तुग़लक़नामा' जो अमीर की ऐतिहासिक मसनवियों के सिलसिले की अंतिम मसनवी है, उसमें निम्नलिखित हिन्दवी तत्त्व

---

1. जवाहर-ए-ख़ुसरवी, रुबाइयात-ए-पेशावराँ, पृ. 3; 2. वही पृ. 11. 3. वही पृ. 13;

आए हैं :

दिगर हर मारो बेरी मारो पर मार
सुख़न-ए-शाँ "मार मार"-ओ-सरबसर मार

[हरेक को मारो, शत्रु को मारो और मारे बिना न रहो। उनकी बात ही मार-मार होती है।('मार' का अर्थ साँप भी है और शत्रु भी)।

चु बकुशादंद तीर-ए-बेख़ता रा
बज़ारी गुफ्त "है है तीर मारा"

[जब अचूक तीर चलाया गया तो उसने रोते हुए कहा, हाय-हाय तीर मार दिया !]

यके अज़ रावताँ "हार"-ए-गुहर बूद
यके अज़गोश गोश आवेज़-ए-ज़र बूद

[रावतों(सामंत) में से एक मोतियों का हार पहने था और कान में सोने का एक बुंदा पहने हुए था। इसमें 'हार' से तात्पर्य ताड़ा राजपूत भी हो सकता है क्योंकि गुहर का एक अर्थ वंश भी है।]

शुद अज़ मोमिन बगर्दूं बांग-ए-तकबीर
ज़ि गब्र आवाज़ "नारायन"हवा गीर[1]

[यह वह समय था जब मुसलमानों की अज़ान की आवाज़ आसमान की ओर जा रही थी और हिन्दुओं के मुँह से 'नारायण-नारायण' का स्वर वातावरण में गूंज रहा था।]

[2]

दूसरे खंड में हम अमीर ख़ूसरो से संबद्ध उस हिन्दवी काव्य या उसके अंगों पर चर्चा करेंगे जो परवर्ती विद्वानों की पुस्तकों में अमीर ख़ुसरो से संबद्ध किए गए हैं। इनमें सबसे प्राचीन वह दोहा है जो 'वजही' दकनी की 'सबरस' (1045 हि॰) में मिलता है :

1. **पंखा होकर मैं डुली साक़ी तेरा चाव**
   मुंज जलती जनम गया तेरे लेखन बाव[2]

इस दोहे में 'साक़ी' साती होगा अर्थात् साथी। दूसरी पंक्ति में 'जलती' को 'चलती' या 'चलते' भी पढ़ सकते हैं। 'लेखन' का अर्थ है 'कारण'। 'मैं', 'डुली', 'तेरा', 'जलती', 'गया', 'तेरे' ये सभी शब्द खड़ी बोली की ओर संकेत करते हैं।

---

2. डॉ॰ वहीद मिर्ज़ा, पृ॰ 265-266 तथा हाशमी फ़रीदाबादी द्वारा संपादित 'मसनवी तुग़लक़नामा' (भूमिका) और रशीद अहमद अन्सारी, पृ॰ 90; 2. मुल्ला वजही। 'सबरस' संपादक मौलवी अब्दुल हक़, कराची, 1952 ई॰; पृ॰ 203;

2. डॉ॰ ज्ञानचंद जैन ने लछमी नरायन 'शफ़ीक़' के "चमनिस्तान-ए-शुअरा" (1175 हि॰ में संकलित) से अमीर ख़ुसरो का एक दोहा उद्धृत किया है। हाशमी दकनी के अनुवाद में हिन्दी में प्रेम की कल्पना का उल्लेख करते हुए 'शफ़ीक़' ने अमीर ख़ुसरो का एक फ़ारसी शेर और उसी विषय का उनका दोहा उद्धृत किया है :

ख़ुसरवा दर इश्क़ बाज़ी कम ज़ि हिन्दू ज़न मबाश
कज़ बराए मुर्दा मी सोज़ंद जान-ए-ख़ेश रा

[ऐ ख़ुसरो, यदि प्रेम करना है तो कर पर ऐसा प्रेम कर जैसा हिन्दू नारी करती है जो पति के मरने पर जल जाती है (अपना सर्वस्व न्यौछावर कर देती है।]

ख़ुसरो ऐसी पीत कर जैसे हिन्दू जोय
पूत पराए कारने जल जल कोयला होय[1]

इस दोहे में 'ऐसी, जैसे' 'पराए', 'जल-जल' स्पष्टतः खड़ी बोली के तत्त्व हैं।

3. जनश्रुति है कि निम्नांकित दोहा अमीर ख़ुसरो ने अपने पीर-मुर्शिद निज़ामुद्दीन औलिया के निधन का दुःखद समाचार सुनकर कहा था :

गोरी सोवे सेज पर अरु मुख पर डारे केस
चल 'ख़ुसरो' घर आपने रैन भई चहुँ देस[2]

'डारे' और 'भई' ब्रज हैं, शेष सारा दोहा साफ़-सुथरी खड़ी बोली में है।

4. "जवाहर-ए-ख़ुसरवी" में निम्नलिखित दोहे को भी अमीर ख़ुसरो का कहा गया है :

'ख़ुसरो' रैन सुहाग की जागी पी के संग
तन मेरो मन पीउ को दोऊ भये इकरंग[3]

डॉ॰ वहीद मिर्ज़ा का कहना है : "इन दोनों दोहों में कोई साक्ष्य ऐसा दिखाई नहीं देता जो जनश्रुति का खंडन करता हो।"[4] जागी, पी और के, की खड़ी बोली के हैं और दूसरी पंक्ति में मेरो, पीव को, दोऊ भये ब्रज हैं। डॉ॰ ज्ञानचंद जैन ने भी लिखा है कि इन चारों दोहों को ख़ुसरो के साथ जोड़ने में कोई कठिनाई नहीं है।

5. डॉ॰ शुजाअत अली संदेलवी ने "जवाहर-ए-ख़ुसरवी" के दो दोहों के अलावा अमीर ख़ुसरो का निम्नलिखित दोहा उद्धृत किया है :

---

1. 'शफ़ीक़' लछमी नरायन, "चमनिस्तान-ए-शुअरा" संपा॰ मौलवी अब्दुल हक़ (औरंगाबाद, 1928 ई॰) पृ॰ 102; 2. "जवाहर-ए-ख़ुसरवी", मुक़द्दमा-ए-चीस्ताँ, पृ॰ 157 तथा डॉ॰ वहीद मिर्ज़ा पृ॰ 186 (रैन भई सब देस); 3. "जवहार-ए-ख़ुसरवी", मुक़द्दमा-ए-चीस्ताँ पृ॰ 153, तथा डॉ॰ वहीद मिर्ज़ा, पृ॰ 326; 4. डॉ॰ वहीद मिर्ज़ा, पृ॰ 327;

स्याम सेत गोरी ले जन्मत भई ईंत।
इक पल में फिर जात हैं जोगी का के मीत[1]

इस दोहे को डॉ॰ शुजाअत अली संदेलवी के सिवाय किसी ने उद्‌धृत नहीं किया और उन्होंने अपने स्रोत का उल्लेख भी नहीं किया। डॉ॰ सफ़दर 'आह' इस दोहे को अमीर ख़ुसरो का नहीं मानते।[2]

6. 'वजही' के बाद ऐतिहासिक कालक्रम से अमीर ख़ुसरो के हिन्दवी काव्य का दूसरा महत्त्वपूर्ण स्रोत मीर तक़ी 'मीर' का "निकातुश्शुअरा" (1165 हि॰) है। इसमें निम्नलिखित क़त्आ अमीर ख़ुसरो का बताया गया है :

ज़रगर पिसरे चू माहपारा कुछ घड़िए सँवारिए पुकारा
नक़्द-ए-दिल-ए-मन गिरिफ्त-ओ-बिशिकस्त फिर कुछ न घड़ा, न कुछ सँवारा[3]

[सुनार का बेटा जो चाँद के टुकड़े की भाँति सुंदर था उसने आवाज़ लगाई कि कुछ गढ़वा लो, बनवा लो ! मेरे दिल रूपी सोने को उसने हाथ में लिया और तोड़ दिया। फिर न कुछ गढ़ा और न ही सँवारा।]

एक मिसरा फ़ारसी में है और दूसरा शुद्ध खड़ी बोली में, साथ ही विषय भी अमीर ख़ुसरो की "रुबाइयात-ए-पेशावराँ" जैसा है, इसलिए इसकी मौलिकता पर संदेह करने का कोई कारण नहीं है।

7. तीसरा स्रोत मुल्ला अब्दुल बासित अमेठवी (मृत्यु 1167 हि॰) की पुस्तक "मिनारुज़-ज़वाबित" है जिसका उल्लेख सैयद मसूद हसन रिज़वी 'अदीब' ने अपने एक लेख में किया है।[4] इसमें निम्नलिखित एक शेर और एक रुबाई अमीर ख़ुसरो से संबद्ध की गई है :

गुफ्तम कि दरईं ख़ानः -ए-*मामून*-ए-तो मानम
गुफ्ता कि दरईं ख़ानः बलाएस्त *मुमानी*

[मैंने उससे यह कहा कि तेरा दिल अम्न-सुकून की जगह है। मुझे इसमें रहने दे। उसने उत्तर दिया तुम यहाँ नहीं रह सकते, यहाँ तो हर समय बलाएँ रहती हैं।]

---

1. डॉ॰ शुजाअत अली संदेलवी : "अमीर ख़ुसरो और उनकी हिन्दी शाइरी', लखनऊ, 1961, पृ॰ 148; 2. डॉ॰ सफ़दर 'आह' : "अमीर ख़ुसरो बहैसियत हिन्दी शाइर", बंबई, पृ॰ 41; 3. मीर तक़ी 'मीर' : 'निकातुश्शुअरा', पृ॰2—यह क़त्आ 'क़ायम' के 'मख़्ज़न-ए-निकात' (1168 हि॰) में भी मिलता है। इसमें तीसरा और चौथा मिसरा इस प्रकार है :

नक़्द-ए-दिल-ए-मन रबूद-ओ-बशकस्त आख़िर न घड़ा न कुछ सँवारा ('मख़्ज़न-ए-निकात', लाहौर संस्करण, पृ॰ 7 तथा 'पंजाब में उर्दू' पृ॰ 171)

4. 'शहर आशोव', 'नुक़ूश' मई, 1965 ई॰, पृ॰ 9 पर उद्‌धृत (डॉ॰ ज्ञानचंद जैन के सौजन्य से)

दारेम आरज़ू कि हिकायत कुनेम *बात*
लाला* गुलाम रू-ए-तो सदबर्ग ज़ेर-ए-*पात
हर बरहमन कि दीद रुख़-ए-ख़ू बत ऐ सनम
ज़ुन्नार रा गुसस्त लकदज़द ब रू-ए लात

[लाला (एक फूल) तेरे चेहरे का दास है और सदबर्ग (गेंदा) तेरे पाँव के नीचे है। जिस ब्राह्मण ने तेरे सुंदर मुखड़े को देखा, उसने जनेऊ को तोड़ दिया और लात (मूर्ति) की ओर से मुँह फेर लिया (उसे लात मार दी)]

यहाँ कई शब्द फ़ारसी और हिन्दी दोनों में अर्थ देते हैं और इनमें ईहाम (द्विअर्थकता) है। साथ ही 'हिकायत' और 'बात', 'लाला' और 'सदबर्ग', 'बर्ग' और 'पात' और 'लकद' और 'लात' का साथ-साथ आना भी आंनद देता है। 'मामूँ', 'मुमानी', 'बात' 'लाला', 'पात', 'बरहमन', 'लात' हिन्दी भाषी क्षेत्र के शब्द हैं। इस रुबाई की प्रामाणिकता के पक्ष में डॉ॰ ज्ञानचंद जैन ने यह तर्क दिया है, " इन शेरों की शोखी और ज़हानत को देखते हुए बहुत मुमकिन है कि ये ख़ुसरो के ही हों।"

8. ऐतिहासिक दृष्टि से अमीर ख़ुसरो के हिन्दवी काव्य का चौथा मुख्य स्रोत क़ुदरतुल्लाह क़ासिम का "तज़्किरा-ए-मज्मूआ-ए-नग़्ज़" समाप्ति 1221 हि॰/ 1806 ई॰ है जिसमें अमीर ख़ुसरो की प्रसिद्ध ग़ज़ल "ज़िहाल-ए-मिस्कीं मकुन तग़ाफ़ुल" के पाँच अशआर दर्ज किए गए हैं। ये अशआर "आब-ए-हयात" में भी मिलते हैं यद्यपि "आब-ए-हयात" का पाठ ठीक वही नहीं है। इससे प्रकट होता है कि 'आज़ाद' के सामने इसी ग़ज़ल का कोई अन्य स्रोत था। महमूद शीरानी ने "मज्मूआ-ए-नग़्ज़" का संकलन करके 1933 ई॰ में प्रकाशित किया जबकि वह अपनी पुस्तक "पंजाब में उर्दू" 1928 ई॰ में प्रकाशित करा चुके थे और उसमें इस ग़ज़ल के शेर "मज्मूआ-ए-नग़्ज़" की हस्तलिखित प्रति ही से लिए होंगे। लेकिन इसमें भी पाठ बिल्कुल वही नहीं। कहना होगा कि शीरानी के सामने भी इस ग़ज़ल का कोई अन्य स्रोत रहा होगा। यहाँ इस ग़ज़ल का पाठ "मज्मूआ-ए-नग़्ज़" से प्रस्तुत किया जाता है :

ज़ि हाल-ए-मिस्कीं (मकुन) तग़ाफ़ुल दुराह नैनाँ मिलाय बतियाँ
चू ताब-ए-हिज्राँ न दारम ऐ जाँ न लेव काहे लगाय छतियाँ
यकायक अज़ दिल दुचश्म-ए-जादू बसद फ़रेबम बबुर्द तस्कीं
किसे पड़ी है कि जा सुनावे पियारे पी से हमारी बतियाँ
शबान-ए-हिज्राँ दराज़ चूँ ज़ुल्फ़ ज़मान-ए-वस्लत चू उम्र कोतह
सखी पिया को जो मैं न देखूँ तो कैसे काटूँ अँधेरी रतियाँ
चू शम्अ-ए-सोज़ाँ, चू ज़र्रा हैराँ हमेशा गिरियाँ बइश्क़-ए-आँ मह
न नींद नैनाँ, न अंग चैनाँ, न आप आवे न भेजे पतियाँ

ब हक़्क़-ए-आँ मह कि रोज़-ए-महशर बदाद मारा फ़रेब ख़ुसरो
सपीत मन के दुराहे राखूँ जो जाय पाऊँ पिया की खतियाँ[1]

[मुझ भोले-भाले से इतनी लापरवाही न कर। हे प्रिये, विरह-वेदना को सहने की शक्ति मुझमें नहीं है। तेरे जादू-भरे नैन मुझे छलकर मेरे मन की शांति चुराकर ले गये। विरह की रातें तेरे अलकों की भाँति लंबी हैं और मिलन क्षण जीवन की भाँति थोड़े। मैं अपनी चंद्रमुखी के लिए मोमबत्ती की भाँति जलता रहता हूँ और कण की भाँति विस्मित रहता हूँ। हे ख़ुसरो, क़यामत के दिन मैं ख़ुदा के सामने उस चंद्रमुखी द्वारा दी गई विरह-वेदना को छिपाए रखूँ यदि मुझे वह अपने प्रेम पत्र लिखती रहे।]

डॉ॰ ज्ञानचंद जैन ने 'शफ़ीक़' के ''चमनिस्तान-ए-शुअरा'' से इस ग़ज़ल के तीसरे और चौथे शेर का हवाला दिया है। ''चमनिस्तान-ए-शुअरा'' 1175 हि॰ में संकलित हुआ। हमारे शोध के अनुसार इसका मत्ला ''चमनिस्तान-ए-शुअरा'' से भी सात वर्ष पूर्व 'क़ायम' के ''मख़्ज़न-ए-निकात'' (1168 हि॰) में मिलता है। शिंप्रगर के 1852 ई॰ के लेख का संकेत सफ़दर 'आह' ने किया है (जिसका विवरण पहेलियों के अंतर्गत आगे आएगा)। उसमें शिंप्रगर ने अपना लेख 'क़ायम' के हवाले से शुरू किया है और लिखा है,'क़ायम' ने ख़ुसरो के दो शेर प्रस्तुत किए हैं, कोई पहेली उद्‌धृत नहीं की। मैं 'क़ायम' के शेरों में से एक शेर पेश करता हूँ और वह पूरी ग़ज़ल उद्‌धृत करता हूँ जिससे दूसरा शेर लिया गया है।''[2] उसके बाद ख़ुसरो की ग़ज़ल ''ज़ि हाल-ए-मिस्कीं मकुन तग़ाफ़ुल'' और उनका क़त्आ ''ज़रगर पिसरे'' अंकित किया है। ''तज़्किरा मख़्ज़न-ए-निकात-ए-क़ायम'' में जिसका संपादन मौलवी अब्दुल हक़ ने किया है उपर्युक्त ग़ज़ल का कोई शेर नहीं।[3] इससे साफ़ ज़ाहिर होता है कि शिंप्रगर के सामने ''मख़्ज़न-ए-निकात'' की जो प्रति थी उसमें वर्तमान प्रति से अधिक सामग्री थी। 1966 ई॰ में डॉ॰ इक़्तिदा हसन के संपादन में ''मख़्ज़न-ए-निकात'' लाहौर से दुबारा प्रकाशित हुआ। उसमें ''मख़्ज़न'' की अंजुमन द्वारा प्रकाशित प्रति के अतिरिक्त इंडिया आफ़िस की हस्तलिखित प्रति से भी लाभ उठाया गया है। हमारा विचार था कि यदि इंडिया आफ़िस वाली प्रति वही है जो अवध के नवाबों के पुस्तकालयों में शिंप्रगर के सामने रही है तो उसमे अमीर ख़ुसरो की उपर्युक्त ग़ज़ल का वह शेर ज़रूर मिलना चाहिए। इसलिए लाहौर की मुद्रित प्रति में यह शेर पृष्ठ 7 पर मौजूद है :

---

1. कुदरत उल्लाह क़ासिम : ''मज्मूआ-ए-नग़्ज़'', संपादक महमूद शीरानी, लाहौर, 1933 ई. खंड 1, पृ. 234; 2. डॉ॰ सफ़दर 'आह' : ''अमीर ख़ुसरो बहैसियत हिन्दी शाइर'' पृ. 29; 3. 'क़ायम' चाँदपुरी :''मख़्जन-ए-निकात'', संपादक मौलवी अब्दुल हक़, औरंगाबाद, 1929, पृ॰2;

ज़ि हाल-ए-मिस्कीं मकुन तग़ाफ़ुल दुराय नैनाँ बनाय बतियाँ
चू ताब-ए-हिजूराँ न दारम ऐ जाँ न लेवह काहे लगाय छतियाँ[1]

"मख़्ज़न-ए-निकात" 1168 हि॰/1754 ई॰ में पूरा हुआ और "मज्मूआ-ए-नग़्ज़" 1221 हि॰/1806 ई॰ में। इस प्रकार इस शेर का यह पाठ अब तक उपलब्ध पाठों में प्राचीनतम हुआ। शिप्रंगर ने इस मतले की पूरी ग़ज़ल अवध के नवाबों के पुस्तकालयों में सुरक्षित अमीर ख़ुसरो के हिन्दवी काव्य के संग्रहों की सहायता से पूरी कर दी और इसे अपने 1852 वाले लेख में शामिल किया जहाँ से उसे डॉ॰ सफ़दर आह ने अपनी पुस्तक में उद्धृत कर दिया है। यदि यह ज्ञात हो जाए कि शिप्रंगर का हस्तलिखित स्रोत 1221 हि॰/1806 ई॰ से पहले का लिखा हुआ था तो इस ग़ज़ल का प्राचीनतम पाठ वही माना जाएगा जिसे शिप्रंगर ने प्रस्तुत किया है। रहा यह प्रश्न कि इसे अमीर ख़ुसरो से किस प्रकार संबद्ध किया गया तो यदि शिप्रंगर का स्रोत 1168 हि॰/1754 ई॰ से पहले का लिखित था तो उसे प्रमाणिता हासिल होगी, अन्यथा इस जानकारी का प्राचीनतम स्रोत "मख़्ज़न-ए-निकात" ही ठहरेगा और इस ग़ज़ल के मतले का प्राचीनतम पाठ भी "मख़्ज़न-ए-निकात" ही का है। डॉ॰ ज्ञानचंद जैन ने लिखा है कि लछमी नरायन 'शफ़ीक़ ने "तज़्किर-ए-चमनिस्तान-ए-शुअरा" 1175 हि॰/1761 ई॰ में भी इस ग़ज़ल के दो शेर अंकित किए हैं 'शबान-ए-हिजराँ' और 'चू ज़र्रा हैराँ' से शुरू होने वाले। लेकिन यह तज़्करा "मख़्ज़न-ए-निकात" के बाद का है जैसा कि स्पष्ट किया जा चुका है।

इस ग़ज़ल की भाषा पर विचार करते समय यह बात ध्यान में रखनी चाहिए कि फ़ारसीनिष्ठ हिन्दवी काव्य का शुद्ध हिन्दवी काव्य की अपेक्षा प्राचीन अथवा प्रामाणिक होना आवश्यक नहीं है। हिन्दवी के जो अंश जैसे "सखी पिया को जो मैं न देखूँ तो कैसे काटूँ अँधेरी रतियाँ" या "मारी मारी बिरह की मारी आरी" अमीर ख़ुसरो के फ़ारसी काव्य में आए हैं। उस समय की हिन्दवी का सच्चा प्रतिनिधित्व उन्हीं से होता है। यही वे अंश हैं जो उस काल की बोलचाल की भाषा को प्रकट करते हैं और जो उतनी शुद्ध भी हो चुकी थी। कविता में इन अंशों का फ़ारसी के साथ आना हरगिज़ इस बात का सबूत नहीं कि उस काल में लोग मिश्रित भाषा या फ़ारसीनिष्ठ हिन्दवी बोलते थे। संज्ञाओं और विशेषणों की सीमा तक तो ऐसे प्रभाव हमेशा मिलते हैं किन्तु हिन्दवी के अंशों को ध्यान से देखा जाए, जैसे "है है तीर मारा" या "मारी मारी बिरह की मारी आरी" तो पता चलेगा कि पूरा ढाँचा खड़ी बोली का है; "यके अज़ रावताँ," "हार-ए-गुहर" या "मार मार-ओ-सरबसर "मार" की हद तक तो ऐसा मिश्रण बोलचाल के स्तर पर संभव

1. 'क़ायम' चाँदपुरी : "मख़्ज़न-ए-निकात" संपा॰ डॉ॰ इक़्तिदा हसन, लाहौर, 1966 पृ॰ 7

है लेकिन इसके विपरीत इस प्रकार का मिश्रित ढंग, उदाहणार्थ :

"चु ताब-ए-हिजराँ न दारम ऐ जाँ न लेव गाहे लगाय छतियाँ" ज़रूरी नहीं कि उस समय की बोलचाल का ढंग हो। संभावना यही है कि यह केवल कविता में होता हो या 'रेख़्ता' की आवश्यकता के अनुरूप यह संगीत की एक शैली हो। इसका एक कारण तो यह हो सकता है कि जन-साधारण में इसका एक मनोरंजक पक्ष था; दूसरे यह कि शाइरों को फ़ारसी में शेर कहने का अभ्यास था। फ़ारसी ही में रचना करते-करते हिन्दवी का अंश जोड़ देते थे। इस प्रकार दिलबहलाव का कुछ सामान भी हो जाता होगा और उसमें कुछ सुविधा भी थी। इस ग़ज़ल के दूसरे मिसरे ऐसी खड़ी में हैं जिसमें पुरातनता का पुट है; छतियाँ, बतियाँ, रतियाँ, नैनाँ, पतियाँ, पुरानी खड़ी बोली के बहुवचन हैं जो हरियाणी में भी प्रचलित थे।[1] कुछ महानुभावों ने "खतियाँ" का विवाद खड़ा किया है जो अनावश्यक है क्योंकि इस शेर के दूसरे पाठों में पतियाँ-बतियाँ मिलता है।

9. फ़रंहग-ए-आसफ़िया में निम्न क़त्आ अमीर ख़ुसरो से संबद्ध किया गया है। महमूद शीरानी ने भी सैयद अहमद देहलवी से उद्धृत किया है।

हिन्दू बचा बीं कि अजब हुस्न धरे छे
बर वक़्त-ए-सुख़न गुफ्तन मुख फूर झरे छे
गुफ्तम ज़ि लब-ए-लाल-ए-तो यक बोसा बगीरम
गुफ्ता कि "अरे राम तुरक काइँ करे छे[2]

[उस हिन्दू लड़के को देखिए जिसका अनुपम सौंदर्य है, बात करते हुए जिसके मुँह से फूल झड़ते हैं। मैंने उससे कहा, "अपने लाला (लाल फूल) जैसे होंठों का चुंबन तो दे" तो कहने लगा हाय राम ! यह तुर्क क्या कर रहा है ?]

इसकी शैली भी अमीर ख़ुसरो के उन प्रंशसात्मक क़त्ओं और रुबाइयों की है जिनका उल्लेख पहले किया जा चुका है। 'फूर झरे ब्रज की शैली है, 'झरे छे; 'करे छे' राजस्थानी की याद दिलाती है।

[3]

अब अंत में अमीर ख़ुसरो के उस हिन्दवी काव्य को लीजिए जिसकी प्रतिष्ठा ख़ुसरो के विशेषज्ञों की दृष्टि में संदिग्ध रही है। लेकिन यह काव्य अपनी

---

1. विवरण के लिए कृपया देखें डॉ. मसूम हुसैन खाँ : मुकद्दमा-ए-तारीख़-ए-ज़बान-ए उर्दू, लाहौर, 1966, पृ. 21, 157; 43, सैयद अहमद देहलवी : फ़रहंग-ए-आसफ़िया, खं. 1, लाहौर, 1908 ई., पृ. 4 तथा 'पंजाब में उर्दू' पृ. 172; 2. सैयद अहमद देहलवी : फ़रहंग-ए-आसफ़िया, खं. 1, लाहौर, 1908 ई., पृ. 4. तथा 'पंजाब में उर्दू' पृ. 172

लोकप्रियता के बल पर पीढ़ी-दर-पीढ़ी अंतरित होता रहा है और हमेशा प्रसिद्ध रहा है। इसमें सबसे अधिक विवादास्पद "खालिक़-बारी" है जिसके संबंध में बहुत कुछ लिखा जा चुका है। उस सबका समेटना और कविता का विश्लेषण करके पक्ष-विपक्ष में व्यक्त मतों की परीक्षा करना चूँकि एक स्वतंत्र लेख़ की अपेक्षा करता है इस चर्चा को फ़िलहाल किसी दूसरे समय के लिए उठा रखा जाता है। संयत विद्वान जिस काव्य को प्रक्षिप्त और कृत्रिम मानते हैं, उसका कुछ अंश शम्सुल्लाह क़ादरी की पुस्तक "उर्दू-ए-क़दीम" में उलपब्ध है, कुछ महमूद शीरानी की "पंजाब में उर्दू" में और बड़ा अंश मुहम्मद अमीन अब्बासी चिरैयाकोटी ने "जवाहर-ए-ख़ुसरवी" में एकत्रित कर दिया है और वहीं से उसे डॉ॰ शुजाअत अली संदेलवी ने अपनी पुस्तक "अमीर ख़ुसरो और उनकी हिन्दी शाइरी" में उद्धृत कर दिया है।

1. डॉ॰ श्प्रिंगर और शम्सुल्लाह क़ादरी

शम्सुल्लाह क़ादरी ने अपनी पुस्तक "उर्दू-ए-क़दीम" (1925 ई॰) में सूचना दी थी "अवध के बादशाहों के पुस्तकालयों में जो मोतीमहल और तोपख़ाना में थे, हज़रत अमीर ख़ुसरो की दो सौ पहेलियाँ मौजूद थीं और उनके अलावा एक संग्रह में उनका विविध काव्य संगृहीत था जिसमें फ़ारसी-मिश्रित ग़ज़लें और मुकरियाँ आदि थीं।"[1]

शम्सुल्लाह क़ादरी को यह सूचना डॉ॰ श्प्रिंगर के एक लेख से प्राप्त हुई जो उन्हीं के कथनानुसार 1854 ई॰ में प्रकाशित हुआ था और जिससे उन्होंने लाभ उठाया था।[2] शम्सुल्लाह क़ादरी ने अमीर ख़ुसरो का जो काव्य उद्धृत किया है उसमें से एक तो इसी मशहूर ग़ज़ल के पाँच शेर हैं "ज़ि हाल-ए-मिस्कीं मकुन तग़ाफ़ुल", दूसरे "निकातउश्शुअरा" वाला क़तआ "ज़रगर पिसरे" है और तीसरे एक ग़ज़ल के चार शेर हैं "कमर टूटा है, रूटा (रूठा) है" जो उस पुस्तक के अतिरिक्त कहीं नहीं मिलती। आश्चर्य है कि "जवाहर-ए-ख़ुसरवी" जो 1918 ई॰ में प्रकाशित हुई थी, शम्सुल्लाह क़ादरी को 1925 ई॰ में उसकी कोई जानकारी नहीं थी। उपर्युक्त हिन्दी काव्य के स्रोत का शम्सुल्लाह क़ादरी साहब ने कोई ज़िक्र नहीं किया। लेकिन उसके बाद जो छह पहेलियाँ दर्ज की हैं उनके बारे में यह स्पष्ट कर दिया है कि "डॉ॰ श्प्रिंगर के लेख से ली गई हैं।"[3] उन पहेलियों के शीर्षक हैं :

1-हम्द-ए-इलाही, 2. ख़रपुज़ा, 3. चराग़, 4. क़ैंची, 5. काजल, 6. बया

1. शम्सुल्लाह क़ादरी : "उर्दू-ए-क़दीम", 1925 ई॰, पृ॰ 30; 2. वही, पृ॰ 30; 3. वही, पृ॰ 31;

का घोंसला। डॉ॰ शिंप्रगर का 1854 वाला लेख तो अभी नहीं मिला लेकिन 1852 ई॰ के जिस लेख का डॉ॰ सफदर आह ने उल्लेख किया है उसमें "ज़िहाल-ए-मिस्कीं" वाली ग़ज़ल और "ज़रगर पिसरे" क़तए के अलावा उन्होंने छह पहेलियाँ दर्ज की थीं जिन्हें डॉ॰ सफ़दर आह ने प्रस्तुत किया है।"[1] "उर्दू-ए-क़दीम" से उनकी तुलना करने पर मालूम होता है कि उनमें से "हम्द-ए-इलाही" और "ख़रपुज़ा" वाली केवल दो पहेलियाँ समान हैं जो शिंप्रगर के दोनों लेखों में उद्धृत हुई होंगी। शेष चार दोनों स्रोतों में भिन्न हैं।[2] इस प्रकार दस पहेलियाँ हाथ आईं जो शिंप्रगर ने अवध के बादशाहों के पुस्तकालयों की हस्तलिखित प्रतियों से उतारी थीं। अमीर ख़ुसरो से संबद्ध दूसरी हिन्दवी पहेलियों के मुक़ाबिले में इन दस पहेलियों का प्रमाणिक होना ज़्यादा सही मालूम होता है। हमने उनकी तुलना "जवाहर-ए-ख़ुसरवी" में उद्धृत पहेलियों से की तो पता चला कि उनमें से चार यानी चराग़, क़ैंची, काजल, और बया का घोंसला "जवाहर-ए-ख़ुसरवी" में भी हैं। कहना चाहिए कि इस प्रकार चार पहेलियों की और पुष्टि हो गई। यहाँ उन दस पहेलियों को उसी क्रम से प्रस्तुत किया जाता है।

(क) शिंप्रगर द्वारा उद्धृत वे चार पहेलियाँ जो "जवाहर-ए-ख़ुसरबी" में भी मिलती हैं :

चराग़

बाला था जब सबको भाया। बड़ा हुआ कुछ काम न आया
'ख़ुसरो' कह दिया उसका नाँव। बूझे नहिं तो छोड़ो गाँव[3]

क़ैंची

अन्दर चिलमन बाहर चिलमन। बीच कलेजा धड़के
'अमीर ख़ुसरो' यूँ कहें। वो दो दो उंगल सरके[4]

काजल

जलकर बने जल में रहे। आँखों देखा 'ख़ुसरो' कहे[5]

---

1. डॉ॰ सफ़दर आह : "अमीर ख़ुसरो बहैसियत हिन्दी शाइर", पृ॰ 30-31; 2. शम्सुल्लाह कादरी : "उर्दू-ए-क़दीम", पृ॰ 32; 3. "उर्दू-ए-क़दीम", पृ.32 "जवाहर-ए-ख़ुसरवी" पृ॰ 3 चौथा मिसरा : 'अर्थ करो नहिं छाड़ो गाँव'; 4. "उर्दू-ए-क़दीम", पृ॰ 32; "जवाहर-ए-ख़ुसरवी", पृ.21 अंदर के बजाय भीतर; 5. "उर्दू-ए-क़दीम", पृ॰ 32, "जवाहर-ए-ख़ुसरवी", पृ.22 पहला मिसरा : 'जल में उपजे;

बया का घोंसला

एक अनोखा गिरह बनाया। ऊपर नींव नीचे घर छाया
बाँस न बल्ली बंधन घने। कहो 'ख़ुसरो' घर कैसे बने[1]

ये चारों पहेलियाँ खड़ी बोली में हैं। "जवाहर-ए-ख़ुसरवी" में पहली पहेली के अंतिम मिसरे में हरियानी का पुट है—"अर्थ करो नहिं छाड़ो गाँव"। इसी प्रकार दूसरी पहेली में "अंदर चिलमन' के बजाय "भीतर चिलमन" है। तीसरी में पहला मिसरा है "जल में उपजे जल में रहे" और चौथी का पहला मिसरा "अचरज बंगला एक बनाया" है। इन पाठांतरों को देखते हुए यह रोचक निष्कर्ष निकलता है कि "जवाहर-ए-ख़ुसरवी" में ये पहेलियाँ जिस स्रोत से ली गई हैं उसमें प्राचीनता का पर्याप्त पुट है।

(ख) श्प्रिंगर द्वारा प्रस्तुत वे दो पहेलियाँ जो उनके दोनों लेखों में समान हैं :

हम्द-ए-इलाही

सब कोई उसको जाने है। पर एक नहीं पहचाने है
आठ धड़ी में लेखा है। फ़िक्र किया उन देखा है[2]

ख़रपुज़ा

दस नारी का एक ही नर। बस्ती बाहर वाका घर
पीठ सख़्त और पेट नरम। मुँह मीठा तासीर गरम[3]

ये दोनों भी खड़ी बोली में हैं।

(ग) श्प्रिंगर द्वारा प्रस्तुत वे चार पहेलियाँ जो उनके 1852 वाले लेख में उद्धृत हैं :

ख़ुदा

सब सखियन का पिया पियारा। सबमें है और सबसों न्यारा
वाकी आन मुझे यह भा। जाकी है बिन देखी चा[4]

1. "उर्दू-ए-क़दीम", पृ.32, "जवाहर-ए-ख़ुसरवी", पृ.12 पहला मिसरा : 'अचरज बंगला एक बनाया'; 2. "उर्दू-ए-क़दीम" पृ. 32, "अमीर ख़ुसरो बहैसियत हिन्दी शाइर" पृ. 30; 3. वही; 4. "अमीर ख़ुसरो बहैसियत हिन्दी शाइर" पृ. 30।

ना'त

एक पुरुख है दई सँवारा। दुनिया का निस्तारन हारा
वाके चरनों लाग रहो। ज़्यादा बचन न मुँह से कहो[1]

चराग़

तेली का तेल। कुम्हार का हंडा
हाथी की सूँड । नवाब का झंडा[2]

हलालख़ोर

कमाई अपनी फेंक दे और जी पर नहीं मलाल
वा से क्यूँ हट जात हैं जो रोज़ी खाय हलाल[3]

डॉ॰ सफ़दर 'आह' इन पहेलियों की समीक्षा करते हुए लिखते हैं, 'हम्द इलाही' वाली पहेली के पहले मिसरे में " 'सब कोई' की जगह 'हर कोई' होना चाहिए वर्ना रदीफ़ 'है' के बजाय 'हैं' होगी। ख़ुदा वाली पहेली के तीसरे और चौथे मिसरे में 'भा' और 'चा' मोहमल (निरर्थक) हैं।" ना'त वाली पहेली "बिल्कुल मामूली है।[4]" इससे यह निष्कर्ष निकाला है कि यदि ये पहेलियाँ अमीर ख़ुसरो के हिन्दवी काव्य में "शामिल न की जाएँ तो अच्छा है।"[5] प्राचीन काव्य की स्वीकृति-अस्वीकृति का यह मानदंड एक रसिक या काव्य-मर्मज्ञ का हो सकता है। इससे पहले डॉ॰ सफ़दर आह दूसरों को इससे सावधान कर चुके हैं। "ख़ुसरो का सारा हिन्दी कलाम अवाम के ज़रिए से हम तक पहुँचा है और आम लोगों की पंसद का है। इस कलाम को पस्त और रक़ीक़ (निम्न स्तर का और तुच्छ) कहकर नज़रअंदाज़ करने वाले नक़्क़ाद (आलोचक) क़ाबिल-ए-रहम (दया के पात्र) हैं। वे बेचारे रवायात (रूढ़ियों) के इस बुरी तरह ग़ुलाम हैं कि हुस्न-ओ-लताफ़त (भाव की गंभीरता के सौंदर्य) को अपने फ़र्सूदा (घिसे-पिटे) रिवाजी मेयारों (मानदंडों) से हटकर देख ही नहीं सकते।"[6] श्प्रिगर द्वारा उद्धृत काव्य को भी रूढ़िवादी मानदंडों से हटकर देखना चाहिए सिवाय चराग़ वाली पहेली के जो स्पष्टतः लखनऊ के नवाबी युग की उपज है और जिसके बारे में हम डॉ॰ सफ़दर आह से सहमत हैं। शेष पहेलियों को अमीर ख़ुसरो का मानने में कोई बात बाधक नहीं है। ख़ुदा, ना'त और हलाल-ख़ोर वाली पहेलियों में ब्रज का प्रभाव अधिक है और भाषा में पुरानेपन की झलक है।

---

1. "अमीर खुसरो बहैसियत हिन्दी शाइर" पृ॰ 30 2. वही, 3. अमीर ख़ुसरो बहैसियत हिन्दी शाइर" पृ॰ 31; 4. वही, पृ॰ 31; 5. वही, 6. वही;

2. लुआली-ए-उमान जो ''जवाहर-ए-ख़ुसरवी'' के नाम से विख्यात है

यह पुस्तक प्रेस इंस्टीट्यूट अलीगढ़ कालेज से 1918 ई॰ में प्रकाशित हुई। इसमें ''निसाब-ए-बदीई'' को मौलाना रशीद अहमद सालिम ने संपादित किया है। इसके अलावा अमीर ख़ुसरो से संबद्ध जितना काव्य है मौलाना मुहम्मद अमीन अब्बासी चिरैयाकोटी का संकलित किया हुआ है। हिन्दी काव्य निम्नलिखित अंगों के मेल से निर्मित हुआ है : ''ख़ालिक़-बारी'', ''बूझ पहेलियाँ'', ''बिनबूझ पहेलियाँ'', ''मुकरनियाँ'', ''दो सुख़ने'', ''निस्बतें'', ''अनमिलियाँ'', ''ढकोसले'', गीत'' और ''नुस्ख़ा''। यों तो मौलाना ने दो सौ से अधिक पृष्ठों की विस्तीर्ण भूमिका लिखी है जो हर प्रकार के असंबद्ध तर्क-वितर्क से परिपूर्ण है और यदि चर्चा नहीं की गई तो अमीर ख़ुसरों के हिन्दवी काव्य के स्रोत की। अंत में केवल इतना कहा है :

''यह मज्मूअ-ए-चीस्ताँ (पहेली-सग्रंह) मौलवी अली ख़ाँ साहब 'शौक़' सुपरिटेंडेंट सर्फ़-ए-ख़ास (निजी खर्च) हिज़ हाइनेस नवाब साहब बहादुर रामपुर, मुंशी मुहम्मद मुस्तजाब उल्लाह ख़ाँ साहब, मक़बूल शेरवानी मरहूम और मौलाना हसन निज़ामी साहब के भेजे हुए मटीरियल से मुरत्तब (संकलित) हुआ है।''[1]

''जवाहर-ए-ख़ुसरवी'' में सिवाय कुछ चीज़ों के वह सारा हिन्दवी काव्य सम्मिलित है जो अपनी लोकप्रियता के आधार पर अमीर ख़ुसरों से संबद्ध चला आता है। अमीर ख़ुसरो के नाम के साथ ऐसे जन काव्य को जोड़ना ख़ुद इस बात का प्रमाण है कि अमीर ख़ुसरो ने पहेलियाँ, मुकरनियाँ, अनमिल आदि लिखे होंगे। यह वास्तविकता है कि पहेलियों में अमीर ख़ुसरो को विशेष रुचि थी। इसीलिए ''उनके मुरत्तबा (संपादित) फ़ारसी दीवानों में भी बाज़ रुबाइयाँ पहेलियों की किस्म की हैं और अक्सर नामों और तारीख़ों को उन्होंने मुअम्मे (पहेलियों) की शक्ल में लिखा है।''[2] अमीर ख़ुसरो बहुत प्रतिभाशाली थे, वह आशु कविता भी करते थे और बहुत अधिक कविताएँ करते थे। उन्होंने ''तोहफ़ःतुलसग़र'' की भूमिका में लिखा है, ''...उस कमसिनी में भी कि जब मेरे दूध के दाँत टूट रहे थे अशआर मेरे मुँह से मोतियों की तरह झड़ते थे...।'' ''बक़िया नक़िया'' की भूमिका में अपनी आशु कविता के बारे में कहते हैं, ''मैं शेर इतनी देर में कहता हूँ जितनी देर में लफ्ज़ बैत ज़बान से अदा किया जाए–।'' ऐसे कवि के बारे में यह अनुमान किया जा सकता है कि वह कितनी सहजता से अपनी मातृभाषा हिन्दवी में शेर कह लेता होगा। यहाँ आंतरिक साक्ष्य के आधार पर कुछ आवश्यक बातों की ओर संकेत किया जाता है।

(क) यह कल्पना कर लेना सही नहीं है कि अमीर ख़ुसरो की हिन्दवी

---

1. ''जवाहर-ए-ख़ुसरवी'' मुक़द्दमा-ए-चीस्ताँ, पृ॰ 203-204; 2. डॉ॰ वहीद मिर्ज़ा, पृ॰ 327।

मिली-जुली ब्रज और खड़ी होगी। उस काल के मध्य देश की अपभ्रंश भले ही एक सही, उसमें क्षेत्रीय विशेषताएँ निश्चित रूप से होंगी जो बाद में ब्रज, खड़ी आदि की विशिष्टता का आधार बनीं। दिल्ली की भाषा पर 'मीर' और 'सौदा' के समय तक ब्रज का असर रहा है। इसलिए यदि ख़ुसरो से संबद्ध पहेलियों में ऐसे भाषायी तत्त्वों की ताक-झाँक मिलती है जिनका संबंध हम आधुनिक खड़ी बोली या ब्रज से जोड़ सकते हैं तो उसका मूल कारण यही क्षेत्रीय विशेषताएँ रही होंगी। सबसे पहले ये उदाहरण देखिए जिनमें खड़ी का प्रभाव अधिक है :

आईना

फ़ारसी बोली आई ना
तुर्की ढूँडी पाई ना
हिन्दी बोलूँ आरसी आय
'ख़ुसरो' कहे कोई न बताय[1]

धूप

नर से पैदा होवे नार
हर कोई उससे रक्खे प्यार
एक ज़माना उसको खावे
'ख़ुसरो' पेट में वो ना जावे[2]

काजल

आधे किए से सबको पाले। मद्ध कटिये से सबको मारे
अंत कटिये से सबको मीठा। 'ख़ुसरो' वा को आँखों देखा[3]

निम्न पहेलियों में ब्रज की विशेषताएँ देखी जा सकती हैं।

नीम की निबोली

एक नार तरुवर से उतरी मासो जनम न पायो
बाप का नाँव जो वा सो पूछो आधो नाम बतायो
आधो नाम बतायो 'ख़ुसरो' कौन देस की बोली
वा का नाम जो पूछा मैंने अपने नाँव निबोली[4]

---

1. "जवाहर-ए-खुसरवी", पृ. 2, डॉ. वहीद मिर्ज़ा, पृ. 327; 2. "जवाहर-ए-ख़ुसरवी", पृ. 19; 3. वही, पृ. 21; 4. वही, पृ. 7; डॉ. वहीद मिर्ज़ा पृ. 327-328।

आरी

स्याम बरन और दाँत अनेक लचकत जैसे नारी
दोनों हाथ से 'ख़ुसरो' खेंचे और यूँ कहे तो आरी[1]

मोरी

सावन भादों बहुत चलत है माघ पूस में थोड़ी
अमीर ख़ुसरो यूँ कहे तू बूझ पहेली मोरी[2]

अपभ्रंश के ये क्षेत्रीय प्रभाव केवल ब्रज या खड़ी तक ही सीमित नहीं बल्कि कुछ पहेलियाँ ऐसी हैं जिनमें हरियानी की ताक-झाँक देखी जा सकती है।

दीया

बाला था जब सबको भाया। बड़ा हुआ कुछ काम न आया
'ख़ुसरो' कह दिया उसका नाँव। अर्थ करो नहिं छाडो गाँव[3]

नाव

जल जल चलता बसता गाँव। बस्ती में ना वा का ठाँव
'ख़ुसरो' ने दिया वा का नाँव। बूझो अर्थ नहिं छाडो गाँव[4]

अमीर ख़ुसरो मुल्तान में कई वर्ष तक रहे थे। कहा जाता है कि संगीत में नाम भी उन्होंने वहीं पैदा किया। यह असम्भव है कि अमीर ख़ुसरो जैसे प्रतिभाशाली व्यक्ति ने वहाँ की अपभ्रंश के क्षेत्रीय लक्षणों का प्रभाव ग्रहण न किया हो। ''जवाहर-ए-ख़ुसरवी''की निम्नांकित पहेली में उन प्रभावों की प्रतिध्वनि ''डीठी'' में सुनी जा सकती है। अनुमान है कि यह शब्द डिट्ठी 'मिट्ठी' का अन्त्यानुप्रास होगा।

नक़्क़ारा

नर नारी की जोड़ी डीठी। जब बोले तब लागे मीठी
इक न्हाए इक तापन हारा। चल 'ख़ुसरो' कर कूच नक़ारा[5]

(ख) मानक खड़ी बोली में सकर्मक क्रिया में 'ने' का अभाव सर्वथा अशुद्ध है। कुछ विशेषज्ञ इसे दकनी की विशेषता मानते हैं। उदाहरण के लिए 'हुज़ूर फरमाए', 'नज़र बात कही', 'वो सब देखी' (दकनी ज़बान'' ले॰ अब्दुल क़ादर सरवरी 'उर्दू-ए-मुअल्ला' दिल्ली, 1962 ई॰, खंड 3, अंक 4-5, पृ॰ 99-100 में सम्मिलित)। परन्तु वास्तव में यह केवल दकनी की विशेषता ही नहीं है। डॉ॰ मसूद हुसैन ख़ाँ ने सही लिखा है कि प्राचीन देहलवी में 'ने' के प्रयुक्त न होने

---

1. ''जवाहर-ए-खुसरवी'', पृ॰ 1; 2. वही, पृ॰ 5; 3. वही, पृ॰ 3; 4. वही पृ॰ 6; 5. वही पृ॰ 6.

के उदाहरण मिलते हैं (रात हम ख़्वाब में उस ज़ुल्फ़ को पेचाँ देखा)[1]। फ़ज़ली की "कर्बलकथा" से भी इसकी पुष्टि होती है कि सामान्य भूत के लिए सकर्मक क्रिया में कर्ता के साथ 'ने' का लोप होता था।[2] "जवाहर-ए-ख़ुसरवी" की कुछ पहेलियों में 'ने' के लोप के ये उदाहरण रोचक हैं :

कंठा

गाँठ गँठीला रँग रंगीला एक पुरुख हम देखा
मर्द इस्तूरी उसको रक्खें उसका क्या कहूँ लेखा[3]

आम

बरसा बरस वह देस में आवे। मुँह से मुँह लगा रस प्यावे
वा ख़ातिर मैं ख़रचे दाम। ए सखि साजन ना सखि आम[4]

चौकी

एक नार जब बनकर आवे। मालिक को अपने ऊपर बुलावे
है वह नारी सबके गौं की। 'ख़सरो' नाम लिये तो चौंकी[5]

चूड़ा

अंगों मोरी लिपटा रहे। रंग रूप का सब रस पिये
मैं भर जनम न वा को छोड़ा। ए सखि साजन ना सखि चूड़ा[6]

(ग) यौन आयाम—अमीर ख़ुसरो की अनेक पहेलियों और मुकरियों को कुछ महानुभावों ने केवल इसलिए अप्रामाणिक ठहराया है कि उनमें उन्हीं के कथनानुसार अश्लीलता का आयाम है।

चटाख़ पटाख़ कब से हाथ पकड़ा जब से...

यदि इस बात की अनदेखी भी कर दी जाए कि इसकी भाषा बहुत स्पष्ट है और इस पर प्रक्षिप्त होने का संदेह किया जा सकता है, केवल इस आधार पर इसे अस्वीकार करना कि इसमें यौन पक्ष बहुत प्रबल है, अशास्त्रीय दृष्टिकोण है। इसकी समीक्षा करते हुए डॉ॰ सफ़दर आह लिखते हैं कि इसमें अश्लीलता का पुट आ गया है।[7] शायद डॉ॰ वहीद मिर्ज़ा भी इसे अमीर ख़ुसरो से इसीलिए संबद्ध करना नहीं चाहते।[8] अमीर ख़ुसरो के हिन्दवी काव्य की प्रामाणिकता का यह सर्वथा

1. डॉ॰ मसूद हुसैन खाँ : "मुक़द्दमा-ए-तारीख़-ए-ज़बान-ए-उर्दू" लाहौर, 1966, पृ॰ 162; 2. गोपीचंद नारंग :"कर्बल कथा का लिसानियाती तजज़िया" पत्रिका 'उर्दू', कराची, अप्रैल, 1968, पृ॰ 63-64; 3. "जवाहर-ए-ख़ुसरवी", पृ॰ 23; 4. वही, पृ॰ 27; 5. वही , पृ॰ 2; 6. वही पृ॰ 33 7. डॉ॰ सफ़दर आह : "अमीर ख़ुसरो बहैसियत हिन्दी शाइर" पृ॰ 34; 8. डॉ॰ वहीद मिर्ज़ा, पृ॰ 328।

आत्मनिष्ठ और नैतिक मानदंड है जो किसी भी दृष्टि से वैज्ञानिक नहीं है। इसका मतलब तो यह हुआ कि हम अपने वर्तमान नैतिक तथा सामाजिक मानदंडों को सात सौ वर्ष पहले के उस काव्य पर आरोपित कर रहे हैं जो सर्वथा मनोविनोदपूर्ण और जन-सामान्य की रुचि का है। यह केवल हिन्दवी पर ही निर्भर नहीं बल्कि एक सार्वभौम सत्य है कि संसार की प्रत्येक भाषा के साहित्यिक भंडार के उस अंश में जो 'असाहित्यिक' कहलाता है या जिसका संबंध लोक परंपरा से होता है और जो केवल मनोरंजन और लोकरंजन के लिए लिखा जाता है, स्वाभाविक रूप से मानव स्वभाव की वे अपेक्षाएँ जिनकी साहित्यिक अभिव्यक्ति नैतिक मानदंडों के विधि-निषेध के कारण राहज रूप से साहित्यिक स्तर पर नहीं हो सकती वह लोक साहित्य में अपनी अभिव्यक्ति के मार्ग ढूंढ ही लेती हैं। दूसरे शब्दों में लोक साहित्य या लोकाभिव्यक्ति ही वह 'सेफ्टी वाल्व' था जिसके माध्यम से समाज की ढँकी-छुपी 'अशिष्ट या कुत्सित' भावनाओं की अभिव्यक्ति होती रहती थी। अमीर ख़ुसरो के ऐसे काव्य में अश्लीलता का आयाम देखना या उसकी तथाकथित नग्नता अथवा अश्लीलता के कारण अमीर ख़ुसरो से संबद्ध करने में संकोच करना जन-साहित्य की अपेक्षाओं से अज्ञानता प्रकट करने के समान होगा। दूसरे यह कि यदि अमीर ख़ुसरो के हिन्दवी काव्य की हिन्दुस्तानी लोक साहित्य की सामान्य परंपराओं के संदर्भ में देखा जाए तो भी उसमें और इस काव्य में एक प्रकार की क्रमबद्धता मिलेगी। तूतीनामा की परंपरा भले ही अनुवाद के माध्यम से नख़्शबी के बाद आई हो लेकिन यौन-अभिव्यक्ति के संबंध में एक स्पष्ट शैली प्राचीन भारतीय परंपरा से चली आई है जो सदियों से हमारे सामूहिक अचेतन का अंग रही है "जवाहर-ए-ख़ुसरवी" की निम्नांकित पहेलियों और मुकरनियों में इस दृष्टि से जन-मानस के इस पक्ष की झलक दिखाई देगी। अधिक विनोदी उदाहरण जानबूझकर नहीं दिए गए जिन्हें "जवाहर-ए-ख़ुसरवी" में देखा जा सकता है। (चूड़ियाँ, झूला, चरख़ा, डोली, चौसर, चुनरी, नगीना, केला, गरमी, लहँगा, गन्ना, जूड़ा, तेल, सुनार, बंदर इत्यादि)।

दाँत की मिस्सी

सूली चढ़ सकत करे स्याम बरन इक नार
दो से दस से बीस से मिले एक ही बार[1]

किताब

एक नार चातुर कहलावे
मूरख को ना पास बुलावे

---

1. "जवाहर-ए-ख़ुसरवी", पृ. 19;

चातुर मर्द जो हाथ लगा दे
खोल सत्र वह आप दिखा दे[1]

अँगिया

कसके छाती पकड़े रहे। मुँह से बोले न बात कहे
ऐसा है वा मन का रँगिया। ऐ सखि साजन ना सखि अंगिया[2]

पान

बन ठन के सिंगार करे। धर मुँह हर मुँह प्यार करे
प्यार से मो पे देत है जान। ऐ सखि साजन ना सखि पान[3]

पंखा

आप हिले और मोय हिलावे। वाका हिलना मोरे मन भावे
हिल हिल कर वह हुवा निसंखा। ऐ सखि साजन ना सखि पंखा।[4]

चंद

ऊँची अटारी पलंग बिछायो। मैं सोई मिरे सर पर आयो
खुल गई अँखियाँ भई अनंद। ऐ सखि साजन ना सखि चंद[5]

हार

सगरी रैन छतियन पर राखा। रंग रूप सब वा का चाखा
भोर भई जब दिया उतार। ऐ सखि साजन ना सखि हार[6]

3. ढकोसला, चम्मो की चौपहरी बाजे

क़ाज़ी अब्दूल वदूद साहब ने अपने लेख "आज़ाद बहैसियत मुहक़्क़िक" (अनुसंधाता) में जो 'नवा-ए-अदब, बबंई में अक्तूबर 1956 में प्रकाशित हुआ—ख़ुसरो से संबद्ध चम्मो साक़न के इस ढकोसले पर संदेह व्यक्त किया है :

औरों की चौपहरी बाजे चम्मो की अठपहरी
बाहर का कोई आए नाहीं आएँ सारे शहरी

---

1. वही, पृ. 22; 2. वही, पृ. 27; 3. वही, पृ. 29; 4. वही, पृ. 29; 5. वही पृ. 32 6. 'जवाहर-ए-ख़ुसरवी', पृ. 40;

साफ़ सूफ़ कर आगे राखे जिसमें नाहीं तूसल
औरों के जहाँ सींग समावे चम्मो के वाँ मूसल[1]

मुहम्द हुसैन 'आज़ाद' ने इसकी भूमिका में लिखा है कि चम्मो साक़न आते-जाते ख़ुसरो को हुक़्क़ा पिलाती थी। उर्दू के अधिकांश अनुसंधाताओं ने यह आपत्ति की है जो उचित भी है कि तंबाकू और हुक़्क़ा ख़ुसरो के युग में कहाँ था। यह तो बहुत बाद में पुर्तगालियों के साथ हिन्दुस्तान आया। 'आज़ाद' ने यह कहानी ख़ुद गढ़ी या नहीं इस पर यदि ध्यान दिया जाए और यह देखने का प्रयास किया जाए कि क्या मूल शेरों में तंबाकू या हुक़्क़े का ज़िक्र है तो निराशा हाथ लगेगी क्योंकि इस पाठ में तो केवल इतना है :

साफ़ सूफ़ कर आगे राखे जिसमें नाहीं तूसल

इसी प्रकार मूल पाठ में केवल 'चम्मो' नाम आया है। लेकिन 'चम्मो साक़न' मुहम्मद हुसैन 'आज़ाद' का आविष्कार है। हुक्के तबांकू का रिवाज तो अमीर ख़ुसरो के काल में नहीं था लेकिन भंग पीने का रिवाज तो था और चम्मो "प्याला-ए-बंग साफ़-मुस्फ़्फ़ा हाज़िर करती थी"[2]। आवश्यकता मुहम्मद हुसैन 'आज़ाद' के कपोल-कल्पना का खंडन करने की है। मूल पाठ को रद्द करने के लिए दूसरे तर्क लाने होंगे। अमीर ख़ुसरो से संबद्ध एक और ढकोसला है :

खीर पकाई जतन से और चरख़ा दिया जला
आया कुत्ता खा गया तू बैठी ढोल बजा[3]

इसमें संदेह नहीं कि भाषा साफ़-सुथरी है। यह बाद की भी हो सकती है या सदियों के प्रचलन से भी भाषा परिष्कृत हो सकती है। लेकिन हमारी दृष्टि से तो यह बात व्रिचारणीय है कि इस ढकोसले की क्रियागत संरचना में ऐसी कौन सी बात है जो "दुर दुर मुए", या "मारी मारी विरह की मारी आरी" या "है है तीर मारा" से भिन्न है ? खड़ी बोली की यह विशिष्ट संरचना जब स्वयं अमीर ख़ुसरो की फ़ारसी की कृतियों में विद्यमान है तो इसे उनसे संबद्ध हिन्दी काव्य में अस्वीकार करने का क्या औचित्य है ? तेरहवीं शती की भाषा में कुछ विचित्रता अवश्य है, परन्तु तेरहवीं शती की भाषा की क्रियागत संरचना की जो स्पष्टता अमीर ख़ुसरो की फ़ारसी कृतियों में प्रामाणिक रूप में उपलब्ध है उसे अठारहवीं या उन्नीसवीं शती पर चरितार्थ करना भाषिक ईमानदारी से आँख चुराना है। दूसरे जहाँ तक बेजोड़ चीज़ों को कविता का रूप देने या तुक मिलाने का प्रश्न है हम जानते हैं कि अनमिल-बेजोड़ शब्द लेकर सार्थक शेर कहना उस युग में कवि-

---

1. मुहम्मद हुसैन 'आज़ाद' : "आब-ए-हयात", लाहौर, 1950, पृ. 76; "जवाहर-ए-ख़ुसरवी", पृ. 45; 2. मुहम्मद हुसैन आज़ाद : "आब-ए-हयात", लाहौर, 1950, पृ. 76; 3. वही, पृ. 74 "जवाहर-ए-ख़ुसरवी", पृ. 45

की काव्य-प्रतिभा का प्रमाण समझा जाता था। ख़ुसरों ने भी लिखा है कि एक बार उनके उस्ताद क़ाज़ी असदुद्दीन उन्हें अपने साथ क़ाज़ी अज़्ज़ुद्दीन के घर ले गए। क़ाज़ी अज़्ज़ुद्दीन ने अमीर ख़ुसरो की योग्यता की परीक्षा लेने के लिए चार विभिन्न वस्तुओं के नाम लिए जिनमें प्रत्यक्ष रूप में कोई संबंध नहीं था अर्थात् 'मू', 'बैज़ा', 'तीर' और 'ख़रपुज़ा' और कहा कि इन्हें काव्यबद्ध करें तो ख़ुसरो ने तत्काल यह रुबाई कही :

हर मूए कि दर दो ज़ुल्फ़-ए-आँ सनम अस्त
सद बैज़ः-ए-अंबरीं बर आँ मू-ए ज़म अस्त
चूँ तीर मदाँ रास्त दिलश रा ज़ीरा
चूँ ख़रपुज़ा दन्दानश मियान-ए-शिकम अस्त[1]

[उस प्रेमिका की दोनों चोटियों के एक-एक बाल में अंबर (एक सुगंधित द्रव्य) के मोती पिरोए हुए हैं और उसका हृदय तरकश है जिसमें से बाण चलते रहते हैं। उसका उदर नरमी में ख़रबूज़े जैसा है। उसके दाँत ख़रबूज़े की भाँति अन्दर की ओर हैं।]

यदि ख़ुसरो इस प्रकार की रुबाइयाँ कह सकते थे तो लोगों के आग्रह पर हिन्दवी ढकोसले कहने में क्या बात बाधक रही होगी। इसलिए ख़ुसरो से संबद्ध लोक काव्य को सर्वथा अस्वीकार करने के लिए वे महानुभाव जो बहुत अधिक सतर्क हैं जिस प्रकार के तर्क प्रस्तुत करते हैं वे अपर्याप्त हैं।

4. सिराज़ुद्दीन 'आज़र' की बयाज़ (बयाज़=हस्तलिखित काव्य चयन)

महमूद शीरानी ने सिराज़ुद्दीन 'आज़र' की बयाज़ से कई दोहे, शेर और एक ग़ज़ल उद्धृत की है जो अमीर ख़ुसरो के नाम से जोड़ दी गई है लेकिन साथ में यह भी लिखा है, "मैं यह मानने के लिए तैयार नहीं कि अमीर ख़ुसरो इसके मालिक हैं[2]" दोहों में अमीर ख़ुसरो का प्रसिद्ध दोहा भी है "गोरी सोवे सेज पर" जिसे "पलंग पर" लिखा है। जब इतने प्रसिद्ध दोहे की कातिब ने यह रेड़ लगाई है तो दूसरे शेरों का क्या हश्र हुआ होगा ? लेकिन इस आधार पर शेरों को उनसे संबद्ध करना ही गलत ठहराना कहाँ का न्याय है ? डॉ॰ सफ़दर आह ने इन शेरों की समीक्षा करते हुए लिखा है कि उनके प्रकाशन से "मत्बे" (प्रेस) की रोशनाई और किताब का कागज़ ख़राब किया गया है।[3] कातिब अगर मौज़ूनी-ए-तब्अ से महरूम (शेर को वज़न के साथ पढ़ने की योग्यता न रखता)

---

1. डॉ॰ वहीद मिर्जा, पृ॰ 29; 2. 'पंजाब में उर्दू' पृ॰ 174-175; 3. डॉ॰ सफ़दर आह : "अमीर ख़ुसरो बहैसियत हिन्दी शाइर", बंबई, 1966, पृ॰ 37

हो तो कलाम को 'ख़ुराफ़ात'[1] करार देना कहाँ तक मुनासिब है ? "यार देखा नैन भर" या "बाताँ ग़ज़ब," जैसे टुकड़ों से डॉ. सफ़दर आह ने नतीजा निकाला है कि यह "किसी पुराने दकनी शाइर की ग़लत-सलत तुकबंदी" है।[2] असलियत यह है कि जैसे पहले स्पष्ट किया जा चुका है कि सकर्मक क्रिया के सामान्य भूत में 'ने' का लोप दकनी की विशेषता नहीं। साथ ही जब "ज़ि हाल-ए-मिस्कीं मकुन तग़ाफ़ुल" में डॉ. सफ़दर आह 'बतियाँ' 'छतियाँ', 'पतियाँ', 'रतियाँ', के बहुवचन रूपों को अमीर ख़ुसरो के मानकर इस ग़ज़ल में ख़ुसरो के 'सोज़' और 'तग़ज़्ज़ुल' की दाद दे चुके हैं[3] तो बाताँ, को उन्होंने सिर्फ दकनी की विशेषता कैसे समझ लिया ? 'हातिम' का मिसरा है "लब पर कली की मुहर करे उन लबाँ का रंग" हरियानी भाषा के लेखक शैख़ महबूब आलम के 'महशर-नामा' में इसी ढंग पर 'टुकड़ाँ', 'ग़रीबाँ', 'झूटाँ', 'ऊँटाँ' आदि के बहुवचन रूप मिलते हैं।[4]

इसमें कोई संदेह नहीं कि अमीर ख़ुसरो की लोकप्रियता के कारण हिन्दवी काव्य कुछ-न-कुछ ज़रूर बदल गया होगा और उसमें प्रसिद्ध अंशों की भी वृद्धि होती रही होगी, जैसे 'चिलम', 'बंदूक़', 'हुक़्क़ा', 'रुपया', 'दियासलाई' आदि अनेक पहेलियाँ निश्चित रूप से क्षेपक हैं, लेकिन उस समस्त हिन्दवी भंडार को जो सदियों से परंपरागत रूप से अमीर ख़ुसरों से जुड़ा रहा है यदि समग्रतः स्वीकार नहीं किया जा सकता तो उसे बिना किसी समुचित कारण के एकदम रद्द कर देना भी न्यायसंगत नहीं। खेद है कि मौलाना मुहम्मद अमीन अब्बासी चिरैयाकोटी ने अमीर ख़ुसरो के हिन्दवी काव्य को संकलित करते समय केवल दूसरों के भेजे हुए 'मटीरियल' को ही पर्याप्त समझ लिया और हस्तलिखित प्रतियों को खोजने का कोई प्रयत्न ही नहीं किया। आवश्यकता इस बात की है कि अवध के नवाबों के पुस्तकालयों में जो हस्तलिखित प्रतियाँ थीं और जिनका उल्लेख श्प्रिंगर ने किया है, उन्हें तलाश किया जाए या उनसे पहले की कोई हस्तलिखित प्रति मिल जाए तो अमीर ख़ुसरो के हिन्दवी काव्य का नये सिरे से संकलन सम्पादन किया जाए। इसके बावजूद ऐसी किसी दस्तावेज़ के अभाव में भी अमीर ख़ुसरो की फ़ारसी कृतियों में और उनके नाम से जुड़े हिन्दवी काव्य के कुछ अंशों में ऐसे सुदृढ़ ऐतिहासिक और भाषिक साक्ष्य उपलब्ध हैं कि उनके आधार पर अमीर ख़ुसरो को 'देहलवी हिन्दवी' का प्रथम चितेरा कहा जा सकता है।

---

1. वही, पृ. 38; 2. वही, पृ. 39; 3. वही, पृ. 22; 4. विवरण के लिए कृपया देखें डॉ. मसूद हुसैन ख़ाँ : मुक़द्दमा-ए-तारीख़-ए-ज़बान-ए-उर्दू, लाहौर, 1966, पृ.11

द्वितीय भूमिका

प्रति का परिचय तथा अन्य वाद-विवाद

प्रथम भूमिका "अमीर ख़ुसरो का हिन्दवी काव्य : प्रामाणिकता की समस्या" 1974 ई॰ में लिखी गई और तरक़्क़ी-ए-उर्दू बोर्ड की पुस्तक 'ख़ुसरो शनासी' में लगभग बारह वर्ष पूर्व 1975 ई॰ में प्रकाशित हुई थी।[1] उसकी अंतिम पंक्तियों में प्रस्तुत पंक्तियों के लेखक ने यह इच्छा व्यक्त की थी :

> "ज़रूरत है कि शाहान-ए-अवध के कुतुबखानों में जो क़लमी नुस्ख़े (हस्तलिखित प्रतियाँ) थे और जिनका ज़िक्र श्प्रिगर ने किया है उन्हें तलाश किया जाए या उनसे पहले का कोई क़लमी नुस्ख़ा मिल जाए तो अमीर ख़ुसरो के हिन्दवी कलाम (काव्य) की अज़सर-ए-नौ तदवीन (पुनः संपादन) की जाए।"[2]

हस्तलिखित प्रतियों के संबंध में जो कुछ निवेदित किया गया सो वह आशा तो बनी रहनी चाहिए क्योंकि शोध में कोई प्रयास अंतिम प्रयास नहीं होता और जिज्ञासा तथा खोज से नई जानकारी सामने आती ही रहती है। लेकिन आज से बारह वर्ष पहले कौन यह अनुमान कर सकता था कि जहाँ तक अवध के नवाबों के पुस्तकालयों में सुरक्षित अमीर ख़ुसरो के हिन्दवी काव्य की उन प्रतियों का संबंध है जिनका उल्लेख श्प्रिगर ने अपने लेख में किया था, विधाता यह कार्य स्वयं इन पंक्तियों के लेखक से लेने वाला है। हर्ष का विषय है कि तोपख़ाना की एक हस्तलिखित प्रति पश्चिम बर्लिन के श्प्रिगर संग्रह में उपलब्ध हो गई। प्रस्तुत पुस्तक में उसका संपूर्ण पाठ और पहले तथा अंतिम पृष्ठ का चित्र प्रस्तुत किया जा रहा है। अमीर ख़ुसरो से संबद्ध हिन्दवी पहेलियों के इस संग्रह को 'श्प्रिगर संग्रह की बर्लिन प्रति' का नाम देना उचित होगा।

इससे पहले कि बर्लिन प्रति का विधिवत् परिचय कराया जाए और उसका विवरण दिया जाए, कुछ बुनियादी वाद-विवादों का विवेचन करना आवश्यक है :

'हिन्दवी' की व्याख्या

अमीर ख़ुसरो के हिन्दवी काव्य की चर्चा करते समय यह बात याद रखनी चाहिए

---

1. 'ख़ुसरो शनासी' संपादक जोय अंसारी-अबुल फैज 'सहर', प्रका॰ तरक़्क़ी उर्दू ब्यूरो, नई दिल्ली,1975, पृ॰ 223-256; 2. वही, पृ॰ 256

कि जब हम अमीर ख़ुसरो की हिन्दवी कविता का विवेचन करते हैं तो उससे हमारा तात्पर्य 'मानक हिन्दी' या आज की 'परिनिष्ठित उर्दू' नहीं है बल्कि उससे आशय वह प्राचीन भाषा है जो तेरहवीं शताब्दी ईसवी में प्राचीन ब्रज भाषा अथवा खड़ी बोली का वह रूप थी जो कालांतर में धीर-धीरे मानक रूप ग्रहण कर गया। स्वयं अमीर ख़ुसरो ने 'हिन्दवी' का कई अर्थों में प्रयोग किया है। प्रथम भूमिका के प्रारंभिक अंश में मसनवी 'नुह सिपहर' के संदर्भ में यह चर्चा की जा चुकी है कि अमीर ख़ुसरो ने तीसरे सिपहर में जिन बारह हिन्दुस्तानी भाषाओं का उल्लेख किया है उन सब को 'हिन्दवी' कहा है। मसनवी दवलरानी-ओ-ख़िज़र खाँ में अमीर ख़ुसरो ने 'हिन्दवी' को संस्कृत के अर्थ में भी प्रयुक्त किया है। किन्तु सामान्यतः उन्हें हिन्दवी से वही प्रारंभिक भाषा अभिप्रेत है जो वर्तमान हिन्दी और वर्तमान उर्दू का प्राचीन रूप थी। 'गुर्रत-उल-कमाल' के प्राक्कथन में 'हिन्दवी' का नाम बार-बार इसी मिली-जुली भाषा के लिए प्रयुक्त किया गया है और जिसके उदाहरण में 'ईहाम' के अंतर्गत अमीर ख़ुसरो ने अपना वह प्रसिद्ध शेर उद्धृत किया है जिसकी पहली पंक्ति है "मारी मारी विरह की मारी आरी"। अस्तु, प्रस्तुत चर्चा में 'हिन्दवी' शब्द उसी अर्थ में प्रयुक्त किया गया है जिस अर्थ में यह 'गुर्रत-उल-कमाल' के प्राक्कथन में आया है और जिस अर्थ में अमीर ख़ुसरो ने स्वयं इसका सामान्य रूप से प्रयोग किया है।

अमीर ख़ुसरो के नाम से जो हिन्दवी काव्य सदियों से जुड़ता चला आया है उसकी प्रामाणिकता और अप्रामाणिकता की चर्चा प्रथम भूमिका में की जा चुकी है। इतना सब जानते हैं कि अनुसंधानकर्ताओं की बड़ी संख्या अमीर ख़ुसरो को हिन्दवी का कवि मानती है। अर्थात् अमीर ख़ुसरो ने फ़ारसी के अतिरिक्त हिन्दवी में भी शेर कहे थे लेकिन उन्होंने अपने हिन्दवी काव्य को संकलित नहीं किया। कम से कम हम तक वह संकलित रूप में नहीं पहुँचा। महमूद शीरानी का कथन है :

> "हमें तस्लीम करना चाहिए कि ख़्वाजा हिन्दी में भी शेर कहते थे मगर बदकिस्मती से उनका कलाम दस्तबुर्द-ए-ज़माना (समय की लूटमार) के हाथों शायद हमेशा के लिए बरबाद हो गया।"[1]

डॉ॰ वहीद मिर्जा लिखते हैं :

"जहाँ इसमें कोई शुब्हा नहीं हो सकता कि अमीर ख़ुसरो हिन्दी में शेर कहते थे वहाँ यह बात भी यक़ीनी है कि उनका हिन्दी कलाम कभी बाकायदा तौर पर जमा नहीं किया गया और अगर उसमें से कुछ हम तक पहुँचा है तो वह या तो बाज़ शौक़ीनों की बयाज़ों की बदौलत और या ज़बानी रिवायत के

1. महमूद शीरानी : पंजाब में उर्दू, लखनऊ, 1970, पृ. 65 (द्वितीय भूमिका में सब सन्दर्भ लखनऊ से 1970 में प्रकाशित संस्करण से दिए गए हैं)।

ज़रिए।"[1]

डॉ॰ नज़ीर अहमद का कथन है :

"इसमें कोई शुब्हा नहीं कि वह (अमीर ख़ुसरो) हिन्दी के एक कुहना मश्क़ (सिद्धहस्त) शाइर थे और उन्होंने इस ज़बान में काफी सरमाया भी छोड़ा होगा। यह हमारी बड़ी बदनसीबी है कि ख़ुसरो का हिन्दी कलाम सारा बरबाद हो गया। दरअसल उसकी बाज़याबी (पुनर्प्राप्ति) की पूरी कोशिश भी नहीं हुई।"[2]

हिन्दवी काव्य की पुनर्प्राप्ति

अमीर ख़ुसरो के हिन्दवी काव्य की पुनर्प्राप्ति के बारे में हसनुद्दीन अहमद लिखते हैं कि मई 1914 ई॰ में नवाब इमादुलमुल्क, सैयद हुसैन बिलग्रामी (1842-1925) की दूररस निगाहों ने अमीर ख़ुसरो के फारसी और हिन्दवी कलाम की तदवीन (संकलन) की ज़रूरत और अहमियत को महसूस किया और नवाब मुस्तफ़ा ख़ाँ 'शेफ़्ता' के फ़रज़ंद (पुत्र) नवाब मुहम्मद इसहाक़ ख़ाँ साहब को जो उस ज़माने में वक़ारुलमुल्क के बाद अलीगढ़ के ऑनरेरी सेक्रेटरी थे, इस तरफ तवज्जो (ध्यान) दिलाई। अपने एक ख़त में उन्होंने लिखा : "निहायत बसूक़ (विश्वास) के साथ बिला ख़ौफ़-ए-तरदीद (खंडन के भय के बिना) यह कहा जा सकता है कि इस्लामी हिन्दुस्तान में कोई मुसन्निफ़, (लेखक) ऐसा नहीं गुज़रा जिसकी तस्नीफ़ात (रचनाएँ) इस दर्जा लायक़-ए-हिफ़ाज़त-ओ-इशाअत (सुरक्षित करने तथा प्रकाशित करने योग्य) हों जैसा कि अमीर ख़ुसरो। लिहाज़ा अगर आपकी कोशिश से मशहूर-ए-ज़माना (जगतप्रसिद्ध) अदीम-उन्न-ज़ीर (अद्वितीय) मुसन्निफ़ का कलाम-ए-नज़्म-ओ-नस्र(गद्य-पद्य) (जो जुम्ला असनाफ़-ए-सुख़न (समस्त काव्य-विधाएँ) में बजबान-ए-फ़ारसी हिन्दी, उर्दू में मौजूद होना बयान किया जाता है) जमा होकर छापा गया तो यही कौम की एक अज़ीमुश्शान ख़िदमत होगी जिसका नफ़ा ग़ैर-महदूद (असीम) होगा, जो सई (प्रयत्न) करने वालों के नाम को भी ज़िन्दा-जावेद (अमर) बना देगा और मुझे यक़ीन है कि यूरोप में ख़ुसूसियत के साथ (विशेषतः) अमीर ख़ुसरो की बहुत माँग होगी और तमाम नुस्ख़े हाथो-हाथ ठिकाने लग जाएंगे...।"

एक अन्य स्थल पर लिखते हैं :

"मैं दौलतमंद नहीं हूँ। अगर मेरे पास दौलत होती तो मैं इस काम के लिए उसको वक़्फ़ कर देता। बाईं हमा (इसके बावजूद) जहाँ

---

1. डॉ॰ वहीद मिर्ज़ा, पृ॰ 323-324, 2. डॉ॰ नज़ीर अहमद, 'अमीर ख़ुसरो के अदबी-ओ-शेरी कमालात पर एक नजर' जो 'हिन्दुस्तानी जबान' बंबई ख़ुसरो नंबर, पृ॰ 79 में शामिल है।

तक मुझसे हो सकेगा मैं इस काम में माली मदद दूँगा और अपने अहबाब (मित्रों) से भी कुछ रक़म वसूल करके भेजूँगा। काम शुरू करने के लिए ख़ुद एक हज़ार रूपया इस वक्त देता हूँ और बवक़्त-ए-ज़रूरत एक हज़ार और दूँगा।"[1]

नवाब इमादुलमुल्क सैयद हुसैन बिलग्रामी एक उद्‌भट विद्वान, काव्य प्रेमी और प्रतिष्ठित बुज़ुर्ग थे। उन्होंने बहरहाल एम॰ए॰ओ॰ कालेज (वर्तमान मुस्लिम विश्वविद्यालय) अलीगढ़ के सेक्रेटरी नवाब इसहाक़ ख़ाँ साहब को राज़ी कर लिया कि वह अलीगढ़ में अमीर ख़ुसरो के काव्य के संकलन, उस पर शोध तथा उसके प्रकाशन की व्यवस्था करें। इस कार्य के लिए प्रारंभिक साधन भी उन्होंने जुटा दिए।

हसनुद्दीन अहमद ने लिखा है कि नवाब इमादुलमुल्क ने दो हज़ार रुपए, सरकार-ए-आली से साढ़े सात हज़ार रुपए, नवाब सालारजंग से एक हज़ार, मौलवी अनवार उल्लाह ख़ाँ फ़ज़ीलतजंग से पाँच सौ, यानी कुल ग्यारह हज़ार रुपए एकत्र करके अलीगढ़ भिजवा दिए। दूसरे शब्दों में नवाब इमादुलमुल्क की प्रेरणा से नवाब मुहम्मद इसहाक़ ख़ाँ साहब ने इस कठिन कार्य का दायित्व स्वीकार कर लिया और 1915 ई॰ से काम शुरू हो गया। इस प्रकार आगामी दस वर्ष की अवधि में यानी 1917 से 1927 ई॰ के दौरान अलीगढ़ से अमीर ख़ुसरो के काव्य के नौ खंड बड़े परिश्रम के बाद संकलित होकर सुव्यवस्थित ढंग से प्रकाशित किए गए।[2] उन्हीं में 'जवाहर-ए-ख़ुसरवी' भी है जिसमें अमीर ख़ुसरो का हिन्दवी काव्य संगृहीत किया गया है। 'जवाहर-ए-ख़ुसरवी' से आशय हज़रत अमीर ख़ुसरो देहलवी के रिसालों (पुस्तिकाओं) का संग्रह है "जो निसाब-ए-बदीई (अलंकारशास्त्र का पाठ्यक्रम) पर आधारित है और जिसका संपादन मौलाना रशीद अहमद साहब सालिम ने किया है (1) नज़्म-ए-घड़ियाल (2) रुबाइयात-ए-पेशावराँ (3) ख़ालिक़-बारी (4) चीस्तान जिनका मौलाना मुहम्मदअमीन साहब अब्बासी चिरैयाकोटी ने संशोधन तथा समीक्षा की है। 1918 ई॰ में इंस्टीच्यूट प्रेस अलीगढ़ कालेज में मुद्रित हुआ। इस पुस्तक पर प्रथम भूमिका में सविस्तार चर्चा की जा चुकी है और अमीर ख़ुसरो के हिन्दवी काव्य के बारे में इसमें हमारी विशेष रुचि है।

'जवाहर-ए-ख़ुसरवी' के बारे में सबसे महत्त्वपूर्ण प्रश्न यही उठता है कि

---

1. हसनुद्दीन अहमद : 'ख़ुसरवियात' नया दौर, लखनऊ, अमीर ख़ुसरो खास नंबर–दिसंबर 1974 में पृ. 62 पर उद्‌धृत, साथ ही नवाब मुहम्मद इसहाक़ ख़ाँ की रिपोर्ट (पश्च संदभी); 2. यह बात ध्यान देने योग्य है कि 1925 ई. में नवाब इमादुलमुल्क का निधन हुआ और 1927 ई. में यह काम रुक गया।

जब अलीगढ़ में इतनी देखभाल और परिश्रम से अमीर ख़ुसरो के काव्य का संकलन किया जा रहा था तो हिन्दी काव्य की पुनर्प्राप्ति के सम्बन्ध में क्या कुछ कोशिश न की गई होगी। जितना काव्य भी संगृहीत किया गया यद्यपि वह अत्यंत सावधानी से संपादित तथा प्रकाशित किया गया, किन्तु इसके स्रोत क्या थे और इसको प्राप्त करने के लिए संपादकों ने क्या साधन अपनाए, इस सम्बन्ध में कोई विशेष विवरण 'जवाहर-ए-ख़ुसरवी' में नहीं मिलता। मौलाना मुहम्मद अमीन अब्बासी चिरैयाकोटी ने पहेलियों और विविध काव्य के साधनों के बारे में तो 'ख़त्म-ए-कलाम' में बस इतना लिखा :

> "अब आख़िर में मुझे सिर्फ़ यह बताना बाक़ी है कि वह मज्मूआ-ए-चीस्ताँ (पहेली-संग्रह) मौलवी अहमद अली ख़ाँ साहब 'शौक़' सुपरिन्टेन्डेन्ट सर्फ़-ए-ख़ास (निजी ख़र्च) हिज़ हाइनेस नवाब साहब बहादुर रामपुर मुंशी मुहम्मद मुस्तजाबुल्लाह ख़ाँ साहब, मक़बूल शेरवानी मरहूम और मौलाना हसन निज़ामी साहब के भेजे हुए मटीरियल से मुरत्तब (संपादित) हुआ है।"[1]

इस उद्धरण से तो यह जानने की इच्छा और प्रबल होती है कि उन लोगों को यह सामग्री कहाँ से उपलब्ध हुई थी, या उनके साधन क्या थे। यह पता नहीं चलता कि 'जवाहर-ए-ख़ुसरवी' में जो सामग्री उपलब्ध है जैसे पहेलियाँ, बूझ पहेलियाँ, कहमुकरनियाँ (मुकरियाँ) दो सुख़ने, निस्बतें, अनमिलियाँ, ढकोसले, गीत, झूले या नुस्ख़े उन सबका पाठ कहाँ से प्राप्त हुआ ? हस्तलिखित प्रतियों से उतारा गया या बयाज़ों से, या एक से दूसरे तक पहुँचने वाली मौखिक परंपरा की देन के रूप में इन्हें लिपिबद्ध कर लिया गया ? और यदि प्रतियों या बयाज़ों से नक़ल किया गया तो वे प्रतियाँ कितनी प्राचीन थीं या उनकी प्रामाणिकता के बारे में जो साक्ष्य थे वे कौन से थे ?

सच तो यह है कि यह कहानी इतनी अधूरी नहीं जितनी 'जवाहर-ए-ख़ुसरवी' के अध्ययन से जान पड़ती है। वास्तविकता यह है कि जिन कड़ियों का उल्लेख मौलाना मुहम्मद अमीनअब्बासी चिरैयाकोटी ने अपनी भूमिका में नहीं किया उनके वर्णन का दायित्व वास्तव में नवाब मुहम्मद इसहाक़ खाँ साहब स्वयं ले चुके थे इसलिए कि यह परियोजना विशेषकर उन्हीं की रुचि और दायित्व से शुरू हुई थी और सामग्री एकत्रित करने में भी अधिक परिश्रम उन्होंने किया था। अस्तु, इसकी सविस्तार चर्चा उन्होंने "तब्सरा मुताल्लिक़ कार्रवाई-ए-तरतीब-ए-कुल्लियात-ए-हज़रत अमीर ख़ुसरो अज़ इब्तिदा-तहरीक-लुग़ायत दिसंबर 1915 ई॰ अज़ नवाब हाजी मुहम्मद इसहाक़ साहब बहादुर" में की है। यह रिपोर्ट इन्स्टीच्यूट्

---

1. 'जवाहर-ए-ख़ुसरवी', पृ॰ 203-204

प्रेस, अलीगढ़ से 1915 में यानी 'जवाहर-ए-खुसरवी' के प्रकाशन से तीन वर्ष पूर्व प्रकाशित हुई थी। शायद इसीलिए मौलानाचिरैया कोटी ने उन बातों को दोहराना उचित नहीं समझा। इस रिपोर्ट को शैख़ सलीम अहमद ने अपनी पुस्तक अमीर ख़ुसरो (दिल्ली, 1976 ई॰) में दुबारा प्रकाशित कर दिया है। इसके 71 पृष्ठ हैं।[1] नवाब मुहम्मद इसहाक़ खाँ साहब आनरेरी सेक्रेटरी मद्रसःतुल उलूम ने लिखा है कि उन्होंने ख़ुसरो का हिन्दवी काव्य विभिन्न स्रोतों से एकत्र करने में कोई कसर उठा न रखी। सबसे पहले उन्होंने नागरी प्रचारिणी सभा (बनारस) के मंत्री को पत्र लिखा कि वह यदि उन्हें ख़ुसरो का हिन्दवी काव्य उपलब्ध हो तो सूचित करें। किन्तु उन्हें अपने उद्देश्य की प्राप्ति में सफलता नहीं मिली। मौलाना अबुल कलाम आज़ाद ने दिल्ली से उन्हें सूचना दी कि एशियाटिक सोसाइटी ऑफ़ बंगाल के पुस्तकालय में हिन्दी का बहुत-सा काव्य पहेलियों और मुकरियों के रूप में उपलब्ध है। अतः इसी उम्मीद में सोसाइटी से बहुत समय तक पत्राचार होता रहा जिसके परिणामस्वरूप नवाब मुहम्मद इसहाक़ साहब को जस्टिस आशुतोष मुखर्जी और डॉ॰ अलमामून सुहरवर्दी की कृपा से सोसाइटी की सदस्यता का सम्मान तो प्राप्त हुआ किन्तु ख़ुसरो के हिन्दी काव्य का पता न चल सका। डॉ॰ अलमामून सुहरवर्दी ने जो एशियाटिक सोसाइटी के पहले हिन्दुस्तानी फ़िलोलॉजिकल सेक्रेटरी थे, उन सभी विद्यार्थियों को आदेश दिया जो देश का भ्रमण करने के कार्य पर नियुक्त थे और विभिन्न पुस्तकालयों का दौरा कर रहे थे कि वे जहाँ कहीं अमीर ख़ुसरो के हिन्दी काव्य का पता पाएँ उसकी सूचना तत्काल नवाब साहब को दें। साथ ही सोसाइटी के कर्मचारियों को भी निर्देश दिए कि अमीर ख़ुसरो की कृतियों की जो भी प्रतियाँ बाहर गई हों उन्हें तुरन्त वापस मँगाया जाए। यद्यपि डॉ॰ सुहरवर्दी की कृपा से सोसाइटी के चीफ रिसर्च स्कालर मौलवी हाफ़िज़ नज़ीर अहमद ने बहुत-सी लाभप्रद जानकारी भेजी लेकिन हिन्दी काव्य की तलाश में उन्हें कोई सफलता नहीं मिल सकी। मौलवी सैयद अहमद देहलवी, संपादक 'फ़रहंग-ए-आसफ़िया' (शब्दकोश) ने सूचना दी कि हिन्दी की बहुत-सी पहेलियाँ और मुकरियाँ आदि साहबज़ादा मीर रुस्तम अली साहब के पास थीं जो अब उनके एक रिश्तेदार साहबज़ादा मीर शरफ़ुद्दीन साहब के पास हैं। मीर शरफ़ुद्दीन साहब हज़रत निज़ामुद्दीन औलिया की दरगाह में ठहरे हुए थे। इसलिए नवाब मुहम्मद इसहाक़ साहब ने मौलाना हसन निज़ामी साहब से प्रार्थना की कि वह उस प्रति की तलाश में उनकी सहायता करें और मौलाना अब्दुल वाहिद वाहिदी, सपांदक 'निज़ामुल मशायख़' पत्रिका, दिल्ली से आग्रह किया कि वह स्थानीय क़व्वालों से अमीर

1. पृ. (394-464), साथ ही देखें डॉ. अब्दुल सत्तार दलवी उक्त अग्रलेख जो 'हिन्दुस्तानी ज़बान', बंबई ख़ुसरो नंबर जुलाई-अक्तूबर, 1975 में सम्मिलित है।

ख़ुसरो का हिन्दवी काव्य एकत्र करने की व्यवस्था करें जिसके खर्च की ज़िम्मेदारी नवाब मुहम्मद इसहाक़ ख़ाँ ने अपने ऊपर ली। इसी तलाश और खोज में नवाब मुहम्मद इसहाक़ ख़ाँ साहब खुद दो बार दिल्ली पहुँचे और हज़रत निज़ामुद्दीन औलिया की दरगाह में हाज़िर हुए। इसी प्रकार सारे 'इस्लामी समाचार पत्रों' में कई ऐलान अमीर ख़ुसरो के हिन्दी काव्य के सम्बन्ध में किए गए लेकिन उनकी ये सारी कोशिशें असफल सिद्ध हुईं। अमीर ख़ुसरो की पहेलियों के सिलसिले में नवाब मुहम्मद इसहाक़ साहब के अनुरोध पर हाफ़िज़ अहमद अली ख़ाँ 'शौक़' ने जो रामपुर सरकार के निजी कारख़ानों के सुपरिंटेन्डेन्ट और पुस्तकालय के अध्यक्ष थे विभिन्न पुस्तकों से नक़ल कराकर और कुछ जो लोगों को कंठस्थ थीं, एकत्र करके अमीर ख़ुसरो की पहेलियों का संग्रह प्रदान किया। (रिपोर्ट पृ॰ 212-213)।

सप्त शत-वार्षिकी समारोह तथा हिन्दवी काव्य

इस वर्णन से प्रकट होता है कि मौलवी अहमद अली ख़ाँ 'शौक़' मुंशी मुहम्मद मुस्तजाबुल्लाह ख़ाँ, मक़बूल शेरवानी या मौलाना हसन निज़ामी जिन्होंने 'जवाहर-ए-ख़ुसरवी' के विशेष संग्रह के लिए ख़ुसरो के हिन्दवी काव्य का 'मटीरियल' उपलब्ध कराया इनमें से किसी को भी अमीर ख़ुसरो के हिन्दवी काव्य की कोई प्राचीन प्रति नहीं मिल सकी वरना स्वयं ये लोग या मौलाना मुहम्मद अमीन अब्बासी चिरैयाकोटी या फिर नवाब मुहम्मद इसहाक़ ख़ाँ साहब इसका उल्लेख अवश्य करते।

आश्चर्य की बात यह है कि अमीर ख़ुसरो के हिन्दवी काव्य की उन सब हस्तलिखित प्रतियों का क्या हुआ जो अवध के नवाबों के पुस्तकालयों में सुरक्षित थीं और जिनकी सूचना श्प्रिंगर ने दी थी ? इसका अर्थ यह है कि या तो वे सभी प्रतियाँ नष्ट हो गईं या विभिन्न माध्यमों से यूरोप के पुस्तकालयों और संग्रहालयों में पहुँच गईं। 1970 से 1975 ई॰ तक अमीर ख़ुसरो के सप्त शत-वार्षिकी समारोह हिन्दुस्तान में बहुत धूम-धाम से मनाए गए। इस अवसर पर अमीर ख़ुसरो सप्त शत-वार्षिकी समारोह की राष्ट्रीय समिति ने भी इस सम्बन्ध में पूरी छानबीन कराई। इस समिति के मुख्य संरक्षक फ़ख़्रुद्दीन अली अहमद और अध्यक्ष अली यावरजंग थे। डॉ॰ ज़ोय अन्सारी और हसनुद्दीन अहमद महामंत्री थे। इस अत्यंत महत्त्वपूर्ण समिति में प्रो॰ ख़लीक़ अहमद निज़ामी, डॉ॰ अमीन हसन आबदी, डॉ॰ मसूद हुसैन, क़ाज़ी अब्दुल बदूद और डॉ॰ नज़ीर अहमद जैसे उच्चकोटि के विद्वान और शोधकर्ता भी शामिल थे। स्पष्ट है कि इन सभी लोगों ने अमीर ख़ुसरो के हिन्दवी काव्य की पुनर्प्राप्ति में पूरी दिलचस्पी ली होगी लेकिन शायद कोई संतोषजनक परिणाम नहीं निकल पाया। राष्ट्रीय समिति की ओर से 'अमीर ख़ुसरो : सप्त शत-वार्षिकी

समारोह' के नाम से एक सचित्र स्मारिका भी बंबई से प्रकाशित हुई थी। उसमें 'शकर रेज़े' के शीर्षक से डॉ॰ ज़ोय अन्सारी का एक ज्ञानवर्धक लेख[1] प्रकाशित हुआ है। इसमें अमीर ख़ुसरो की रचनाओं की उन महत्त्वपूर्ण हस्तलिखित प्रतियों का वर्णन है जो संसार के विभिन्न संग्रहालयों और पुस्तकालयों में बिखरी हुई हैं। डॉ॰ ज़ोय अन्सारी ने बहुत परिश्रम और शोध से ऐसी उन्नीस पांडुलिपियों का उल्लेख किया है जो लेनिनग्राद, ताशक़ंद, दुशंबा, इंडिया आफ़िस लंदन, ब्रिटिश म्यूज़ियम, मशहद आस्तान-ए-क़ुद्स, तुर्की तोपकापी म्यूज़ियम, पश्चिम बर्लिन राज्य पुस्तकालय, बिब्लियोतिक नेसनाल पेरिस, राष्ट्रीय पुस्तकालय, रोम और अन्य कई पुस्तकालयों की शोभा बढ़ा रही हैं। इस सिलसिले में न जाने वह कहाँ-कहाँ गए होंगे और उन्होंने कैसी-कैसी पांडुलिपियों के दर्शन किए होंगे। लेकिन अमीर ख़ुसरो के हिन्दवी काव्य की कोई हस्तलिखित प्रति हाथ न आई। यदि कहीं ऐसी कोई प्रति मिली होती तो वह उसका उल्लेख अवश्य करते।

इसके अतिरिक्त यह भी उल्लेखनीय है कि अमीर ख़ुसरो सप्त शत-वार्षिकी समारोह के अवसर पर हिन्दुस्तान और पाकिस्तान से अँग्रेज़ी में कुछ अत्यंत मूल्यवान ग्रंथ बहुत सुनियोजित ढंग से प्रकाशित हुए :

Amir Khusrau Memorial Volume, Publications Division, New Delhi 1975.

Amir Khusrau : Critical Studies, National Committee for 700th Anniversary of Amir Khusrau, under the Supervision of National Book Foundation, Lahore 1975.

Life, Times & Works of Amir Khusrau Dehlavi, Seventh Centenary National Amir Khusrau Society, Bombay 1975.

इनमें पहली पुस्तक में ख़ुसरो की हिन्दी कविता पर प्रभाकर माचवे का लेख शामिल है जिसमें कोई नई जानकारी नहीं, केवल प्रचलित काव्य को दृष्टिगत रखकर लोक कविता के गुणों का वर्णन किया है। पाकिस्तानी पुस्तक में "हिन्द-आर्याई ज़बानों की तरक़्क़ी में अमीर ख़ुसरो का हिस्सा" शीर्षक से ज़हीर फ़तेहपुरी का लेख है लेकिन उन्होंने भी 'जवाहर-ए-ख़ुसरवी' पर ही संतोष किया है और हिन्दवी काव्य के बारे में शोघ की दृष्टि से इस समय तक की जानकारी में कोई वृद्धि नहीं की।

अलबत्ता तरक़्क़ी-ए-उर्दू बोर्ड नई दिल्ली की उर्दू पुस्तक 'ख़ुसरो शनासी' में डॉ॰ ज्ञानचंद जैन ने "खड़ी बोली के इर्तिक़ा (विकास) में अमीर ख़ुसरो का हिस्सा" और इन पंक्तियों के लेखक ने "अमीर ख़ुसरो का हिन्दवी कलाम : इस्तिनाद

---

1. इस स्मारिका पर प्रकाशन वर्ष अंकित नहीं है। यह शायद बंबई से 1974 या 1975 ई॰ में प्रकाशित हुई।

(प्रामाणिकता) का मसला'' के हवाले से इस चर्चा को आगे बढ़ाया, प्रामाणिक काव्य और अप्रामाणिक काव्य का वर्गीकरण किया और कुछ नए प्रश्न भी उठाए (डॉ॰ ज्ञानचंद जैन के लेख का अंग्रेजी सार तीसरी अंग्रेजी पुस्तक में सम्मिलित है)। एक अन्य पुस्तक जो सप्त शत-वार्षिकी समारोह के क्रम में अगले वर्ष अर्थात् 1976 ई॰ में कराची से प्रकाशित हुई पर्याप्त महत्त्व रखती है। यह मुमताज़ हुसैन की ''अमीर ख़ुसरो देहलवी'' है।[1] यद्यपि इसमें चौंतीस पृष्ठों का एक अध्याय 'अमीर ख़ुसरो की हिन्दी शाइरी' के सम्बन्ध में है जिसमें 'ख़ालिक़बारी' के सम्बन्ध में हिफ़्ज़ुललिस्सान का जिसके संपादक महमूद शीरानी हैं, इंडिया आफ़िस वाली हस्तलिखित प्रति से तुलना करके नया प्रकाश डाला है, बहस को आगे बढ़ाया है और उस पर निर्णय भी दिया है (जिसका उल्लेख आगे किया जाएगा)। परन्तु उन्होंने भी ख़ुसरो की हिन्दवी कविता के किसी नए स्रोत का पता नहीं दिया। अपनी पुस्तक के सम्बन्ध में वह काफ़ी अरसे तक लंदन में रहे और ख़ुसरो काव्य की हस्तलिखित प्रतियों को उन्होंने नए सिरे से देखा, लेकिन उन्हें भी हिन्दवी काव्य की कोई प्रति नहीं मिली। मुम्ताज़ हुसैन का काम इस दृष्टि से ध्यान देने योग्य है कि उन्होंने अमीर ख़ुसरो के जीवन-सम्बन्धी कुछ समस्याओं को वहाँ से लिया जहाँ शिबली और डॉ॰ वहीद मिर्ज़ा ने उन्हें छोड़ा था और ख़ुद अमीर ख़ुसरो के वक्तव्यों के संदर्भ में कुछ स्थापनाओं पर प्रश्नचिह्न लगाया। उन्होंने अपनी अधिकांश जाँच-पड़ताल इस बात पर की है कि अमीर ख़ुसरो के पिता का नाम सैफ़ुद्दीन महमूद नहीं बल्कि सैफ़ुद्दीन शम्सी था और लाचीन किसी क़बीले का नाम नहीं ख़ुद उनके पिता का नाम था। साथ ही यह भी कि वह सुल्तान अल्तुतमिश के ख़रीदे हुए गुलाम थे। इस बहस से उन्होंने यह निष्कर्ष निकाला है : ''जहाँ कहीं वह (ख़ुसरो) अपना नाम ख़ुसरो लिखते वह इसी नाते अपने पिता का नाम लाचीन ही लिखते (जिसका एक लाक्षणिक अर्थ दास भी है) और

1. मुमताज़ हुसैन : 'अमीर ख़ुसरो देहलवी' पहला संस्करण अमीर ख़ुसरो के सप्त शत-वार्षिकी समारोह की राष्ट्रीय समिति कराची की ओर से 1975 में प्रकाशित हुआ। हिन्दुस्तानी संस्करण नई दिल्ली से 1982 ई. में प्रकाशित हुआ। यहाँ सन्दर्भ इसी से दिए गए हैं। इस पुस्तक का संक्षिप्त रूप हिन्दुस्तान की अमीर ख़ुसरो राष्ट्रीय समिति की ओर से अंग्रेजी में 1986 में प्रकाशित हो चुका है। देखिए—

Mumtaz Husain : Amir Khusrau Dehlawi, New Delhi 1986

हिन्दुस्तान से शताब्दी समारोह के समय दो अन्य पुस्तकें भी प्रकाशित हुईं; 1. डॉ. ज़ोय अन्सारी, ''ख़ुसरो का ज़हनी, सफ़र'' नई दिल्ली, 1977 ई.; 2. सैयद गुलाम समनानी 'अमीर ख़ुसरो' नई दिल्ली 1985 ई. (अंग्रेजी पुस्तक का अनुवाद जो 1969 में प्रकाशित हुई थी) इन दोनों में हिन्दवी काव्य के बारे में कोई नई सूचना नहीं है।

जहाँ यह प्रसंग न होता वहाँ सैफ़ शम्सी या सैफ़ी कहकर याद करते।"[1] दूसरे यह कि अमीर ख़ुसरो के नाना इमादुलमुल्क तुर्क नहीं बल्कि मूल रूप से राजपूत थे और नव-मुस्लिम थे।[2] वर्तमान काल के सभी लेखकों ने न केवल ख़ुसरो के भारतीय मूल को स्वीकार किया है बल्कि इस पर जोर भी दिया है। (ख़ुसरो का हिन्दुस्तान को अपनी जन्मभूमि और मातृभूमि कहना, अपने हिन्दुस्तानी होने का गर्व करना और अपने देश-प्रेम तथा हिन्दवी में काव्य रचना करने पर गौरवान्वित होने का भाव प्रकट करना परोक्ष रूप से उनके हिन्दवी कवि होने के लिए एक अकाट्य तर्क प्रस्तुत करता है)। तीसरे, मुम्ताज़ हुसैन ने इस पर भी बल दिया है कि अमीर ख़ुसरो का जन्म स्थान दिल्ली था न कि पटियाली।[3] वास्तव में इससे वह यह निष्कर्ष निकालना चाहते हैं कि दिल्ली की भाषा माँ के दूध की तरह उनके रक्त में प्रवाहित थी और उनकी हिन्दवी 'हिन्दवी देहलवी' थी अर्थात् खड़ी बोली का प्रथम रूप थी। जहाँ तक उनकी जीवनी से सम्बन्धित प्रश्नों का सम्बन्ध है, उन पर निर्णय देना शोधकर्ताओं का अधिकार है अलबत्ता भाषिक पहलू के बारे में निवेदन करता हूँ कि ख़ुसरो का जन्म दिल्ली में हुआ या पटियाली में इसका कोई निर्णायक प्रभाव उनके 'हिन्दवी' का स्वरूप निश्चित करने पर नहीं पड़ता। इसका एक कारण तो यह है कि इतना तो पता लगाया जा चुका है कि नौ वर्ष की कच्ची उम्र से ख़ुसरो अपने नाना इमादुलमुल्क की छत्रच्छाया में दिल्ली में रहने लगे थे। दूसरे यह कि उस जमाने में पटियाली जो आगरा कमिश्नरी में है वहाँ की भाषा और दिल्ली की भाषा में अधिक अन्तर नहीं था। यानी यदि कोई समझता है कि खड़ी बोली का रूप उस समय निश्चित था तो यह एक भारी भाषिक भ्रम है। उस समय की दिल्ली की हिन्दवी प्राचीन खड़ी बोली और प्राचीन ब्रजभाषा का मिला-जुला रूप होगी। डॉ॰ ज्ञानचंद जैन भी इस बात को स्वीकार करते है।[4] तीसरे यह कि जब अमीर ख़ुसरो के फ़ारसी काव्य में अकाट्य आंतरिक साक्ष्य विद्यमान है अर्थात् उन 'हिन्दवी अंशों' के रूप में जो प्रामाणिक हैं और अमीर ख़ुसरो के रचे हुए हैं तो ख़ुसरो की हिन्दवी का भाषिक रूप और प्रादेशिक सम्बन्ध तो उन अंशों के मूल पाठ से निर्धारित होना चाहिए न कि इन अनुमानों से कि उस समय दिल्ली में किस प्रकार की भाषा बोली जाती थी और आगरा कमिश्नरी में किस तरह की भाषा प्रचलित थी। यह वास्तविकता है कि प्रथम भूमिका में अमीर ख़ुसरो के हिन्दवी काव्य के जिन अंशों पर चर्चा

---

1. मुम्ताज हुसैन : 'अमीर ख़ुसरो देहलवी', पृ॰ 35; 2. वही, पृ॰ 77; 3. वही, पृ॰ 105; 4. डॉ॰ ज्ञानचंद जैन : "ख़ुसरो के ताल्लुक से जब हम हिन्दी कलाम की बात करते हैं तो उससे मुराद (अभिप्राय) खड़ी बोली और ब्रज का यही आमेख़्ता (मिश्रित) रूप होना चाहिए।" पिछला संदर्भ, पृ॰ 200

की गई और जिन्हें प्रामाणिक ठहराया गया उन सबमें खड़ी बोली के अंश भी हैं और ब्रज के भी। ऐसा काव्य न शुद्ध खड़ी बोली में उपलब्ध है, न शुद्ध ब्रज भाषा में। इसमें दोनों की ताक-झाँक देखी जा सकती है, बल्कि ब्रज भाषा का तत्त्व प्रधान है। और ऐसा इसलिए कि खड़ी बोली की अपेक्षा ब्रज भाषा का भाषिक तथा काव्यात्मक विकास प्राचीन है और अमीर ख़ुसरो के युग में ब्रज भाषा न केवल व्यस्क हो चुकी थी वरन् शौरसेनी की समस्त बोलियों में (खड़ी बोली सहित) संस्कृत की उत्तराधिकारिणी बनने के योग्य भी हो चुकी थी। अमीर ख़ुसरो से संबद्ध हिन्दवी काव्य में ब्रज के प्राधान्य का कदाचित यही भाषिक औचित्य है।

जिस समय अर्थात् 1974 ई॰ में डॉ॰ ज्ञानचंद जैन और प्रस्तुत पंक्तियों का लेखक अमीर ख़ुसरो के हिन्दवी काव्य पर हिन्दुस्तान में लिख रहे थे, कराची में मुम्ताज़ हुसैन अमीर ख़ुसरो पर अपने ग्रंथ की रचना कर रहे थे। नई दिल्ली से 'ख़ुसरो शनासी' 1975 ई॰ में प्रकाशित हुई। मुमताज़ हुसैन की पुस्तक पर प्राक्कथन की तारीख़ 14 जुलाई, 1976 है लेकिन उन्हें 'ख़ुसरो शनासी' की शायद सूचना नहीं थी। उन्हें सफ़दर 'आह' की पुस्तक 'अमीर ख़ुसरो बहैसियत हिन्दी शाइर' की भी जानकारी नहीं थी जो बंबई से उनकी पुस्तक से दस वर्ष पूर्व प्रकाशित हो चुकी थी या उनका वह लेख जिस पर वह पुस्तक आधारित है 14 वर्ष पहले 1962 में रिसर्च इंस्टीट्यूट बंबई की पत्रिका 'नवा-ए-अदब' में प्रकाशित हो चुका था और जिसमें 'ख़ालिक़-बारी' की एक नई हस्तलिखित प्रति की सूचना दी गई थी और साथ ही जिसमें श्प्रिंगर के 1852 ई॰ वाले लेख का हवाला और जानकारी भी प्रस्तुत की गई थी। इन प्रकाशनों और वाद-विवाद को न देख सकने के कारण मुम्ताज़ हुसैन की हिन्दवी काव्य-संबंधी चर्चा अधूरी रह गई।

बहरहाल जीवनी संबंधी उन प्रश्नों को छोड़कर जो मुम्ताज़ हुसैन ने उठाए और बहुत कष्ट और परिश्रम से उठाए, सप्त शत-वार्षिकी समारोह की राष्ट्रीय समितियों की ओर से जितनी भी पुस्तकें प्रकाशित की गईं—भारत में भी और पाकिस्तान में भी—और उन समितियों ने जितना भी काम किया—अंग्रेजी में भी और उर्दू में भी—और कुछ लोगों ने हस्तलिखित प्रतियों को नए सिरे से खँगाला और निस्संदेह बड़ी तलाश और खोज से काम लिया फिर भी हिन्दवी काव्य की कोई प्रति उपमहाद्वीप में या यूरोप में कहीं भी किसी को उपलब्ध न हुई।

शिंप्रगर और अमीर ख़ुसरो

इन पंक्तियों के लेखक ने 1974 ई॰ में जब अपना लेख अमीर ख़ुसरो के हिन्दवी काव्य की प्रामाणिकता के संबंध में लिखा था जो प्रस्तुत पुस्तक में प्रथम भूमिका के रूप में सम्मिलित है, तभी से मुझे उन हस्तलिखित प्रतियों की तलाश थी जो अवध के नवाबों के पुस्तकालयों में थीं और जिनकी पहली सूचना शिंप्रगर से मिलती है। मेरा विचार था कि उसके महत्त्व को देखते हुए कोई-न-कोई प्रति यूरोप की लायब्रेरियों में ज़रूर होगी। इसलिए जब-जब अवसर आया लंदन, पेरिस, हाइडलबर्ग, ट्यूबिंगन, स्टटगार्ट, कासल, मारबर्ग, हैमबर्ग में अपनी रुचि की अन्य पांडुलिपियों के अतिरिक्त मैं ख़ुसरो के हिन्दवी काव्य की भी तलाश में रहा। यहाँ शिंप्रगर-संग्रह की बर्लिन प्रति का परिचय कराने से पहले उन जानकारी के सूत्रों को जोड़ना आवश्यक है जो उस प्रति की पहचान में मेरे सहायक बने।

अमीर ख़ुसरो की हिन्दवी शाहरी का सबसे पहला परिचय शिंप्रगर ने कराया था। शिंप्रगर के लेख की पहली सूचना हमें सैयद शम्सुल्लाह क़ादरी की पुस्तक 'उर्दू-ए-क़दीम' से मिलती है। शम्सुल्लाह क़ादरी ने लिखा है :

> "ज़माने के नाक़द्र हाथों ने उस तमाम ज़ख़ीरे (संग्रह) को तबाह-ओ-बरबाद कर दिया। थोड़ा-सा हिस्सा जो ज़माने की दस्तबुर्द (लूट-मार) से बच गया है वह भी अब तक पर्द-ए-ख़िफ़ा (छिपाव का परदा) में है।"[1]

इसके बाद शम्सुल्लाह क़ादरी बताते हैं :

"शाहान-ए-अवध के कुतुबख़ानों में, जो मोतीमहल और तोपख़ाने में थे, हज़रत अमीर ख़ुसरो के दो सौ चीस्ताँ (पहेलियाँ) मौजूद थे और उनके अलावा एक मज्मूए (संग्रह) में उनका मुतफ़र्रिक़ कलाम (स्फुट काव्य) भी जमा था जिसमें फ़ारसी आमेज़ (मिश्रित) ग़ज़लें और मुकरियाँ वग़ैरा थीं। इन दोनों मज्मूओं को डॉ॰ शिंप्रगर ने देखा था और उनके मुताल्लिक़ (बारे में) एक मज़मून भी लिखा था जो 1854 ई॰ में शाए (प्रकाशित) हुआ था।[2]

इसके बाद शम्सुल्लाह क़ादरी ने दो गजलें "ज़िहाल-ए-मिस्कीं मकुन तग़ाफ़ुल दुराय नैनाँ बनाय बतियाँ, छतियाँ, रतियाँ आदि 'दरग़म-ए-हिज्र-ए-तो कमर टूटा है, बूटा है, फूटा है आदि" और 'निकातुश्शुअरा' वाला क़त्आ "ज़रगर पिसरे चु माहपारा" उद्धृत किया है और लिखा है :

"अमीर ख़ुसरो के हस्ब ज़ैल(निम्नांकित) चीस्तान डॉ॰ शिंप्रगर के मज़मून

---

1. शम्सुल्लाह क़ादरी : 'उर्दू-ए-क़दीम', लखनऊ 1929 ई॰, पृ॰ 30 (समर्पण पृष्ठ पर 1925 अंकित है यानी पहला संस्करण 1925 में प्रकाशित हुआ होगा।) 2. शम्सुल्लाह क़ादरी :'उर्दू-ए-क़दीम', लखनऊ 1929 ई॰, पृ॰ 30

से माख़ूज़(उद्धृत) हैं।"[1]

'उर्दू-ए-क़दीम' के प्राक्कथन पर 27 जून, 1929 की तारीख अंकित है–मुखपृष्ठ पर लिखा हुआ है कि यह पुस्तक 1927 ई॰ से उस्मानिया विश्व-विद्यालय की एम॰ए॰ परीक्षा में शामिल है, तथा समर्पण 1925 ई॰ का है। इस दौरान महमूद शीरानी की पुस्तक 'पंजाब में उर्दू' जिसमें अमीर ख़ुसरो के हिन्दवी काव्य का शोधपूर्ण विवेचन किया गया है, 1928 ई॰ में प्रकाशित हो चुकी थी जबकि 'जवाहर-ए-ख़ुसरवी' अलीगढ़ से लगभग दस वर्ष पहले 1918 ई॰ में छप चुकी थी। ताज्जुब है कि शम्सुल्लाह क़ादरी ने इनमें से किसी भी पुस्तक का ज़िक्र नहीं किया। इस प्रत्यक्ष उपेक्षा या अज्ञान का एक परोक्ष लाभ यह हुआ कि उन्होंने अमीर ख़ुसरो के हिन्दवी काव्य से संबंधित जानकारी के लिए डॉ॰ शिंप्रगर के लेख का आश्रय लिया और इस प्रकार यह जानकारी शम्सुल्लाह क़ादरी के माध्यम से सुरक्षित हो गई और उनकी पुस्तक 'उर्दू-ए-क़दीम' के द्वारा हम तक पहुँची। शम्सुल्लाह क़ादरी ने यह स्पष्ट कर दिया है कि जिन पहेलियों को उन्होंने उद्धृत किया है वे डॉ॰ शिंप्रगर के लेख से ग्रहण की गई हैं। ये छह पहेलियाँ नीचे दी जा रही हैं।[2]

हम्द-ए-इलाही

सब कोई उसको जाने है। पर एक नहीं पहचाने है
आठ घड़ी में लेखा है। फ़िक्र किया उन देखा है

ख़रपुज़ा

दस नारी का एक ही नर। बस्ती बाहर वा का घर
पीठ सख़्त और पेट नरम। मुँह मीठा तासीर गरम

चराग़

बाला था जब सबको भाया। बड़ा हुआ कुछ काम न आया
'ख़ुसरो कह दिया उसका नाँव। बूझे नहीं तो छोड़ो गाँव

क़ैंचीं

अन्दर चिलमन बाहर चिलमन बीच कलेजा धड़के
'अमीर 'ख़ुसरो' यूँ कहें वो दो दो उंगल सरके

---

1. शम्सुल्लाह क़ादरी : 'उर्दू-ए-क़दीम', लखनऊ 1929 ई॰, पृ॰ 31; 2. वही, पृ॰ 32

काजल

जल कर बने जल में रहे
आँखों देखा 'ख़ुसरो' कहे

बया का घोंसला

एक अनोखा गिरह बनाया। ऊपर नींव नीचे घर छाया
बांस न बल्ली बंधन घने। कहो 'ख़ुसरो' घर कैसे बने

इस सिलसिले की दूसरी महत्त्वपूर्ण कड़ी सफ़दर 'आह' की पुस्तक 'ख़ुसरो वहैसियत हिन्दी शाइर' है जो बंबई से शायद 1966 ई॰ में प्रकाशित हुई, शायद इसलिए कि प्रकाशन-वर्ष अंकित नहीं है। लेकिन प्राक्कथन में सफ़दर 'आह' ने स्पष्ट कर दिया है कि वस्तुतः उन्होंने उसका विवेचन छह वर्ष पहले 1960 ई॰ में लिखा था। उनका कथन है,[1] ''इस किताब में जो कुछ पेश किया जा रहा है उसे आज से पाँच साल पहले एक मज़मून (लेख) की सूरत में लिखा गया था। 1960 में उर्दू रिसर्च इंस्टीच्यूट बंबई की दावत पर मैंने इस मज़मून का एक हिस्सा 'ख़ालिक़-बारी' एक ख़ुसूसी इज्तेमाअ (विशिष्ट गोष्ठी) में पढ़ा। इस मज़मून में अमीर ख़ुसरो की तस्नीफ़ 'ख़ालिक़-बारी' के मुताल्लिक़ प्रो॰ महमूद शीरानी मरहूम के मनफ़ी (नकारी) रवैये को बित्तफ़सील (विस्तार से) रद किया गया था। इस इज्तिमाअ में कुछ प्रोफेसर हज़रात, कुछ अदीब (लेखक) और कुछ रिसर्च तालिब-ए-इल्म (विद्यार्थी) मौजूद थे। मज़मून ख़त्म होने पर हाज़िरीन (श्रोता) को दावत-ए-तन्क़ीद (टीका-टिपणी के लिए निमंत्रण) दी गई। लेकिन चंद ग़ैरमुताल्लिक़ (असंबद्ध) बातों के अलावा बुनियाद-ए-मज़मून (लेख के मूल) पर कोई एतराज़ न हो सका। कुछ अर्सा बाद यह मुकम्मल मज़मून दो क़िस्तों में उर्दू रिसर्च इंस्टीट्यूट के रिसाले 'नवा-ए-अदब' बम्बई में शाए हुआ। मुदीर-ए-मुहतरम (आदरणीय संपादक) प्रो॰ नजीब अशरफ़ साहब नदवी ने एक ख़ुसूसी नोट लिखकर यारान-ए-नुक्तादाँ (पारखीजन) को दावत-ए-तरदीद (खंडन का निमंत्रण) दी। मैंने चार साल इंतिज़ार किया कि कोई तरदीद निकले तो अपने ख़यालात की इस्लाह (संशोधन) या जवाबुलजवाब के साथ इस मज़मून को किताबी शक्ल दूँ। लेकिन अभी तक कोई तरदीदी मज़मून नहीं शाए हुआ। लिहाज़ा अब मैं नज़र-ए-सानी(पुनरावलोकन) करके अपने मज़मून के मवाद (सामग्री) को बाज़ तरमीमों और इज़ाफ़ों (संशोधन और परिवर्धन) के साथ इस किताब की सूरत में पेश कर रहा हूँ।''

---

1. डॉ॰ सफ़दर 'आह' : 'अमीर ख़ुसरो वहैसियत हिन्दी शाइर', पृ॰ 7

इसमें संदेह नहीं कि महमूद शीरानी के बाद सफ़दर 'आह' पहले शोधकर्ता हैं जिन्होंने पूरी खोज-बीन और जिज्ञासा से काम लिया। अमीर ख़ुसरो के हिन्दवी काव्य की किसी प्राचीन प्रति की खोज में उन्हें सबसे अधिक सहायता डॉ॰ शिंप्रगर ही से मिल सकती थी। अस्तु, शम्सुल्लाह क़ादरी की 'उर्दू-ए-क़दीम' में दी गई जानकारी के आधार पर उन्होंने डॉ॰ शिंप्रगर के लेख की तलाश की। शम्सुल्लाह क़ादरी के वक्तव्यों से तो यह ज्ञात होता है कि उन्होंने डॉ॰ शिंप्रगर का लेख देखा था और उससे छह पहेलियाँ भी अपनी पुस्तक में उद्धृत की थीं। लेकिन उस लेख के प्रत्यक्ष साक्षी होने के बावजूद वह यह बताना भूल गए कि शिंप्रगर का यह लेख 1854 ई॰ में कहाँ प्रकाशित हुआ था यानी उन्होंने उसे किस पत्रिका में देखा था। सफ़दर 'आह' लिखते हैं, "अपने मज़मून को मैंने जब किताब की शक्ल देने का फैसला किया तो...सबसे पहले मैंने स्प्रिगर (शिप्रगर) के कैटलाग की वरक़ गर्दानी की (पढ़ा) जिसमें उनका सिर्फ़ एक मज़मून ख़ुसरो की फ़ारसी शाइरी पर मिला। इस मज़मून में कोई ख़ास बात नहीं और यह मेरे लिए ख़ारिज अज़ मौज़ू (विषयेतर) भी है। मुझे तो ख़ुसरो के हिन्दवी कलाम की तलाश थी। उसके बाद बंबई यूनिवर्सिटी लायब्रेरी में 1852 का जर्नल आफ एशियाटिक सोसाइटी, बंगाल मिला जिसके सफ़हा 516 से 519 तक शिंप्रगर का एक मक़ाला (लेख) शाए हुआ था। उस मज़मून में ख़ुसरो के हिन्दी कलाम का भी ज़िक्र था।"[1] मेरा विचार है कि शिंप्रगर की पुस्तक-सूची सफ़दर 'आह' ने नहीं देखी थी :

> A. Sprenger, M.D.
> A Catalogue of the Arabic, Persian and Hindustany Manuscripts of the Libraries of the king of Oudh, compiled by the orders of the Govt. of India, Vol. I, containing Persian and Hindustany Poetry, Calcutta Baptist Mission Press 1854.

इस पुस्तक-सूची में अमीर ख़ुसरो का उल्लेख एक स्थान पर नहीं तीन जगह है— पृ॰ 250, पृ॰ 465 और पृ॰ 618 और पृ॰ 618-619 पर हिन्दी काव्य का उल्लेख है जिसकी तलाश सफ़दर 'आह' को थी और इसी पुस्तक-सूची में शिंप्रगर ने अपने "जर्नल ऑफ़ एशियाटिक सोसाइटी ऑफ़ बंगाल, खंड 21, पृ॰ 516" (अर्थात् 1852 वाले) लेख का हवाला भी पृ॰ 618 पर दिया है।[2] अगर सफ़दर 'आह' ने वास्तव में पुस्तक-सूची देखी होती तो फिर शिंप्रगर के 1852 वाले लेख की जानकारी भी उन्हें यहीं से मिलनी चाहिए। पुस्तक-सूची में "पहेली अमीर ख़ुसरो"

---

1. डॉ॰ सफदर 'आह' : 'अमीर ख़ुसरो बहैसियत हिन्दी शाइर;, पृ॰ 29; 2. डॉ॰ आबिद रजा 'बेदार', डायरेक्टर, ख़ुदाबख़्श ओरियंटल लायब्रेरी, पटना के सौजन्य से जिन्होंने मेरे अनुरोध पर पुस्तक-सूची के संबंधित पृष्ठों की फोटो प्रतियाँ भेजीं।

की जिस हस्तलिखित प्रति की सूचना शिंप्रगर ने पृ॰ 618 पर दी है उसकी चर्चा आगे आएगी, इस समय तो केवल यह बताना अभीष्ट है कि जिस प्रकार 1854 वाले लेख का पहला निर्देश हमें शम्सुंल्लहा क़ादरी के यहाँ मिलता है, 1852 के लेख का हवाला उर्दू में सबसे पहले सफ़दर 'आह' ने दिया।[1] इस लेख का शीर्षक है[2]

Has Sa'dy of Shyraz Written Rekhtah Verses ?
Journal of the Asiatic Society of Bengal,
Vol.21, pp. 513-519, 1852.

यह लेख इस बहस से शुरू होता है कि ''मख़्ज़न-ए-निकात'' में रेख़्ता के संदर्भ में जिस 'सादी' का उल्लेख हुआ है वह 'सादी' शीराज़ी नहीं बल्कि जैसा कि गिरदेज़ी, मीर तक़ी मीर और शोरिश का कथन है वह 'सादी' दकनी है। इस चर्चा का हमसे कोई संबंध नहीं है। इसके बाद शिंप्रगर कहता है कि इस अवसर पर मैं प्राचीन रेख़्ता शाइरी के कुछ नमूने पेश करना चाहता हूँ। ''मख़्ज़न-ए-निकात'' की उस हस्तलिखित प्रति के संदर्भ में जो अवध के नवाबों के संग्रह मोतीमहल[3] में सुरक्षित थी, शिंप्रगर लिखता है कि 'क़ायम'[4] के कथनानुसार अमीर ख़ुसरो ने रेख़्ता में शेर कहे थे और वह पहेलियों का लेखक भी है।[5] लेकिन 'क़ायम' ने केवल दो शेर उद्धृत किए हैं और कोई पहेली नहीं दी। शिंप्रगर ने लिखा है कि 'क़ायम' द्वारा अंकित एक शेर उद्धृत करता हूँ और वह पूरी ग़ज़ल दर्ज करता हूँ जिसका 'क़ायम' ने सिर्फ़ एक शेर दिया है। और पहेलियों के नमूने भी दर्ज करता हूँ।[6] (हिन्दी अनुवाद—ना॰)। इस कथन के बाद सबसे पहले निम्नांकित ग़ज़ल दी है :

ज़ि हाल-ए-मिस्कीं मकुन तग़ाफ़ुल दुराई नैनाँ बनाई बतियाँ
कि ताब-ए-हिज्राँ न दारम ई जाँ न लेहु काहे लगाए छतियाँ
चु शम्अ-ए-सोज़ाँ चु ज़र्रा हैराँ हमेशा गिरियाँ ब इश्क़-ए-आँ माह
न नींद नैनाँ, न अंग चैनाँ न आपही आवे न भेजे पतियाँ
शबान-ए-हिज्राँ दराज़ चूं ज़ुल्फ़-ओ-रोज़-ए-वस्लश चु उम्र कोताह
सखी पिया को जो मैं न देखूँ तो कैसी काटूँ अँधेरी रतियाँ
यकायक अज़ दिल बसद फ़रेबम बबुर्द चश्मश क़रार-ओ-तस्कीं
किसे पड़ी है जो जा सुनावे पियारे पिउ को हमारी बतियाँ

---

1. सफदर 'आह', पृ॰ 29,30,31 2. डॉ॰ ज्ञानचंद जैन ने इस महत्त्वपूर्ण लेख की फोटोप्रति अपने व्यक्तिगत संग्रह से प्रदान की जिसके लिए उनका हृदय से आभारी हूँ; 3. पूर्वोद्धृत शिंप्रगर लेख, पृ॰ 516; 4. वही, पृ॰ 516; 5. पूर्वोद्धृत शिंप्रगर लेख पृ॰ 516; 6. वही, पृ॰ 516

बहक़्क़-ए-रोज़-ए-विसाल-ए-महशर कि दाद मारा फ़रेब ख़ुसरो
वराए राखूँ समेत साजन जो कहनी पाऊँ दो बोल बतियाँ[1]

शिंप्रगर ने नहीं लिखा कि वह इस ग़ज़ल को कहाँ से नक़ल कर रहा है। ''मख़्ज़न-ए-निक़ात-ए-क़ायम'' में तो इस ग़ज़ल का केवल मतला (पहली पंक्ति) था। यदि शिंप्रगर द्वारा उद्‌धृत पाठ की 'मज्मूआ-ए-नग़्ज़' के पाठ से तुलना कीजिए (कृपया देखें प्रथम भूमिका) तो पता चलेगा कि शिंप्रगर के पाठ में प्राचीनता का पुट है और वह अपेक्षया अधिक प्रामाणिक है। इसके अलावा इसमें 'पिया की खतियाँ' (ख़त) का प्रश्न भी नहीं उठता जो डॉ॰ ज्ञानचंद जैन तथा अन्य विद्वानों ने उठाया है क्योंकि इस पाठ में 'जो कहने पाऊँ दो बोल बतियाँ' मौजूद है और 'पिया की खतियाँ' किन्हीं कारणों से बाद का क्षेपक लगता है। अनुमान है कि या तो शिंप्रगर के पास अमीर ख़ुसरो के रेख़्तों की कोई प्रति थी या कोई पुरानी ब्याज़ थी जिससे यह ग़ज़ल उतारी गई। बहरहाल ग़ज़ल के एकदम बाद निम्नलिखित क़तआ अंकित किया गया है :

ज़रगर पिसरो चु माह पारा। कुछ गढ़ीये सँवारे पुकारा
नक़्द-ए-दिल-ए-मन रबूद-ओ-बिशकस्त। आखिर न गढ़ा न कुछ सँवारा[2]

ग़ज़ल और क़तए के अंग्रेजी अनुवाद के बाद अंत में शिंप्रगर ने छह पहेलियाँ और उनका अनुवाद दिया है और यह भी स्पष्ट शब्दों में बता दिया है कि ''इन पहेलियों को लखनऊ के तोपख़ाना-सग्रंह की एक हस्तलिखित प्रति से उद्‌धृत किया गया है।''[3]

पहेली हम्द-ए-इलाही

सब कोई उसको जाने ही। पर एक नहीं पहचाने ही
आठ धड़ी में लेखा ही। फ़िक्र किया ऊन देखा ही

पहेली ना'त में हज़रत रसूल सल्लल्लाह-ओ-अलैहे-ओ-सल्लाम की[4]

एक पुरखही दई सँवारा। दुनिया का निस्तारनहारा
बाकी चरनों लाग रहो । ज़्यादा बचन न मुँह से कहो

ख़ुदा की तारीफ़ में

सब सखियन का पिया पियारा। सबमें ही और सबसों न्यारा
वाकी आन मुझे यह भा। जाकी ही बिन देखी चा

---

1. वही पृ. 516-17; 2. शिंप्रगर, पृ. 517; 3. वही, पृ. 517; 4. रसूलुल्लाह पर और उनकी संतान पर अल्लाह की सलामती हो।

पहेली चिराग़ की

तेली का तेल कुम्हार का हंडा
हाथी की सूँड नवाब का झंडा

पहेली ख़रबुज़ा

दस नारी का एक ही नर। बस्ती बाहर वा का घर
पीठ सख़्त और पेट नरम। मुँह मीठा तासीर गरम

पहेली हलालख़ोर

कमाई अपनी फेंक दी और जी पर नहीं मलाल
वासी क्यूँ हट जात हैं जो रोज़ी खाई हलाल[1]

इन पहेलियों के बाद अपने इस लेख के अंतिम पृष्ठ पर श्प्रिंगर कहता है कि "कुछ और पहेलियाँ भी अंकित की हैं लेकिन उन्हें एक अलग लेख में प्रस्तुत किया जाएगा।"[2] बहुत संभव है कि ये अतिरिक्त पहेलियाँ 1854 ई॰ के उस लेख में प्रस्तुत की गई हों जिसके प्रत्यक्ष साक्षी शम्सुल्लाह क़ादरी हैं। बहरहाल उसके बाद 'ख़ालिक़-बारी' का संक्षेप में उल्लेख करते हुए श्प्रिंगर ने अंतिम शेर और बीच के दो शेर दिए हैं और 'क़ायम', नूरी, मुहम्मद अफ़ज़ल और अब्दुल्लाह क़ुतुबशाह के तज़्करे का हवाला देते हुए यह महत्त्वपूर्ण लेख समाप्त हो जाता है।[3]

प्रथम भूमिका में संकेत किया गया था और श्प्रिंगर का 1852 वाला मूल लेख देख लेने के बाद इसकी और पुष्टि हो जाती है कि 1854 के लेख से शम्सुल्लाह क़ादरी ने जो कुछ पहेलियाँ उद्धृत की थीं और प्रस्तुत लेख में जो छह पहेलियाँ दी गई हैं उनमें से केवल दो पहेलियाँ समान हैं (हम्द-ए-इलाही : सब कोई उसको जाने है) और (ख़रबुज़ा : दस नारी का एक ही नर) शेष चार पहेलियाँ दोनों लेखों में अलग-अलग हैं। संभवतः ये चार पहेलियाँ उन पहेलियों में से हों जिनके बारे में श्प्रिंगर ने 1852 ई॰ वाले लेख में स्वयं लिखा है कि कुछ और पहेलियाँ भी नक़ल की हैं लेकिन उन्हें दूसरे लेख में प्रस्तुत करूँगा। इससे यह तो सिद्ध हो जाता है कि श्प्रिंगर ने अमीर ख़ुसरो के हिन्दवी काव्य के संबंध में दो अलग-अलग लेख लिखे थे बल्कि यह भी संभव है कि उन पहेलियों के स्रोत भी अलग-अलग रहे हों अर्थात् जिन हस्तलिखित प्रतियों से ये पहेलियाँ ली गई हैं वे भी भिन्न हों इस पर विस्तृत चर्चा आगे आएगी। सफ़दर 'आह' लिखते हैं :

---

1. श्प्रिंगर, पृ॰ 518-519; 2. वही, पृ॰ 519; 3. वही, पृ.519.

> "मुझे यह भी शक हुआ कि श्प्रिंगर ने कहीं उन नायाब नुस्ख़ों (दुर्लभ प्रतियों) को विलायत की हवा तो नहीं खिला दी। अपना मज़मून (अब किताब) लिखते वक्त मैंने श्प्रिंगर के 1854 ई॰ के मज़मून और अवध के शाही कुतुबख़ानों के मख़्तूतों (पांडुलिपियों) की तलाश यहाँ से विलायत तक करवाई मगर कोई नतीजा न निकल सका।"[1]

श्प्रिंगर ने अपने 1852 ई॰ के लेख में स्पष्ट शब्दों में लिखा है कि वह जिस हस्तलिखित प्रति से पहेलियाँ पेश कर रहा है वह लखनऊ के तोपख़ाना-संग्रह में सुरक्षित है। इस कथन के कारण मुझे संदेह था कि यदि अमीर ख़ुसरो के हिन्दी काव्य की हस्तलिखित प्रतियाँ अवध के शाही कुतुबख़ानों में मौजूद थीं तो श्प्रिंगर ने अपनी पुस्तक-सूची में उनका ज़िक्र ज़रूर किया होगा। इसके बारे में बताया जा चुका है कि श्प्रिंगर की पुस्तक-सूची के बारे में सफ़दर 'आह' ने जो जानकारी एकत्र की है वह ग़लत है। उसके पृष्ठ 618-619 पर अमीर ख़ुसरो की पहेलियों की एक हस्तलिखित प्रति (क्रम संख्या 650) का परिचय कराया गया है। पहेलियों के अंग्रेजी अनुवाद को छोड़कर पूरी इबारत दर्ज करता हूँ।[2]

(650) **पहेली अमीर ख़ुसरो** (H)

Enigmas Ascribed to (A)Myr Khosraw (See pp. 465, 250, Supra and Journ. As. Soc. Beng. Vol. 21, P. 516) Specimens :

घड़ियाल

कोठे तले कचनाल पुकारे
हाइ दय्या मुझे बामन मारे

खुरपा

काठ का घोड़ा लोहे का लग़ाम
चल मियाँ घोड़े यही तेरा काम

उस्तरा

काले पहाड़ पर टलुवा नाचे

Topkhanah, ten or twelve little volumes containing in all about two hundred enigmas, for a further account of collections of enigmas see Hindustany prose.

---

1. सफ़दर 'आह', पृ॰ 28-29; 2. श्प्रिंगर-पुस्तक-सूची, पृ॰ 618-619

इस संकेत से निम्नलिखित बातें सामने आती हैं :

1. इस हस्तलिखित प्रति का परिचय कराने से पहले शिंप्रगर अपना 1852 ई॰ वाला लेख लिख चुका था क्योंकि दूसरी पंक्ति में जर्नल, एशियाटिक सोसाइटी, बंगाल के खंड 21, पृ॰ 516 का हवाला मौजूद है।
2. इसमें जो तीन पहेलियाँ उद्धृत की हैं उनमें से कोई 1852 ई॰ वाले लेख में नहीं मिलती, न ही उन तीनों में से कोई शम्सुल्लाह क़ादरी की 'उर्दू-ए-क़दीम' में दर्ज हुई है। उर्दू-ए-क़दीम वाली पहेलियाँ क़ादरी के कथनानुसार 1854 ई॰ वाले लेख से गृहीत हैं जिसका मतलब यह हुआ कि 1854 ई॰ वाले लेख में भी इन तीनों पहेलियों में से कोई नहीं दी गई।
3. इस प्रकार पहेलियों की वे हस्तलिखित प्रतियाँ जिनसे 1852 ई॰ के लेख और 1854 ई॰ के लेख की पहेलियाँ उतारी गई थीं वे उस हस्तलिखित प्रति (क्रम सं॰ 650) से भिन्न थीं जिसका परिचय कराया जा रहा है और जिससे तीन पहेलियाँ नक़ल की गई हैं। कहना न होगा ये सभी हस्तलिखित प्रतियाँ भिन्न-भिन्न थीं।
4. 1852 ई॰ के लेख के संबंध में .ख़ुद शिंप्रगर ने लिखा है कि वे छह पहेलियाँ जिस हस्तलिखित प्रति से नक़ल कर रहा है वे तोपख़ाना-संग्रह में सुरक्षित हैं। साथ ही वह हस्तलिखित प्रति भी जिसका परिचय कराया जा रहा है जो निश्चित रूप से उस प्रति से भिन्न है, तोपख़ाना-संग्रह की प्रति है। इसका अर्थ यह हुआ कि तोपख़ाना-संग्रह में एक से अधिक हस्तलिखित प्रतियाँ पहेलियों की थीं।
5. इनके अतिरिक्त यह अत्यंत महत्त्वपूर्ण सूचना भी केवल इसी प्रविष्टि में मिलती है कि अवध के नवाबों के तोपख़ाना-संग्रह में दो-तीन नहीं बल्कि दस-बारह छोटी-छोटी हस्तलिखित पुस्तिकाएँ थीं जिनमें पहेलियाँ थीं और ये पहेलियाँ संख्या में कुल मिलाकर दो सौ थीं।

(हिन्दुस्तानी गद्य का खंड देखो वाला वाक्य अप्रासंगिक है क्योंकि दूसरा खंड प्रकाशित ही नहीं हुआ।)

दिलचस्प सवाल यह है कि अवध की सल्तनत के पतन और 1857 की क्रांति की विफलता के पश्चात् ये हस्तलिखित प्रतियाँ कहाँ गईं ? सबसे भारी विपत्ति लखनऊ और दिल्ली पर आई थी जहाँ सोना-चाँदी और हीरे-जवाहरात, माल-असबाब और दूसरी बहुमूल्य वस्तुओं के साथ-साथ दुर्लभ सांस्कृतिक और साहित्यिक संपत्ति भी .ख़ुदा जाने कहाँ-कहाँ बिखर गई। हिन्दुस्तान की ऐसी अनेक प्राचीन ऐतिहासिक दुर्लभ वस्तुएँ धीरे-धीरे ब्रिटिश म्यूज़ियम, इंडिया आफ़िस लायब्रेरी, बिब्लियोथिक नेश्नाल पेरिस और यूरोप के बहुत से दूसरे संग्रहालयों की शोभा बनती चली गईं। अवध के नवाबों के पुस्तकालयों से संबंधित शिंप्रगर

की खोज के बारे में एक रिपोर्ट उनके देहांत के तीन वर्ष बाद कलकत्ता से प्रकाशित हुई थी :

A. Sprenger
Report of the Researches into the Muhammadan
Libraries of Lucknow, Calcutta, 1896.

श्प्रिंगर की रिपोर्ट का उर्दू अनुवाद मुहम्मद इकराम चुग़ताई का किया हुआ और अंजुमन-ए-तरक्क़ि-ए-उर्दू, कराची का प्रकाशित किया हुआ .ख़ुदाबख़्श ओरियंटल पब्लिक लायब्रेरी, पटना में मौजूद है और उसमें ख़ुसरो के हिन्दवी काव्य का कोई उल्लेख नहीं है।

श्प्रिंगर-संग्रह और बर्लिन-प्रति

ख़ुसरो के हिन्दवी काव्य से सम्बन्धित श्प्रिंगर के दोनों लेख और उनकी पुस्तक-सूची का उल्लेख करने के बाद ज़रूरी है कि हस्तलिखित प्रतियों के उस दुर्लभ श्प्रिंगर-संग्रह (श्प्रिंगरियाना) का भी संक्षेप में वर्णन कर दिया जाए जिसे वह हिन्दुस्तान से अपने देश जर्मनी ले गया था।

डॉ॰ एलवास श्प्रिंगर (A. Sprenger) (1813-1893 ई॰) के पुस्तक-संग्रह की कहानी बड़ी रोचक है। श्प्रिंगर यद्यपि व्यवसाय की दृष्टि से मेडिकल डॉक्टर था, वह अरबी, फ़ारसी और इब्रानी का ज्ञाता था। लाइडन विश्वविद्यालय से एम॰डी॰ की उपाधि लेने के बाद 1843 ई॰ में ब्रिटिश नागरिकता प्राप्त करने में सफल हो गया और ईस्ट इंडिया कंपनी की नौकरी में एक डॉक्टर के पद पर नियुक्त होकर उसी वर्ष कलकत्ता पहुँच गया। 1845 ई॰ में वह दिल्ली कॉलेज का प्रिंसिपल नियुक्त हुआ। अभी दो वर्ष भी काम न कर पाया था कि 1847 ई॰ में लार्ड हार्डिंग के आदेश पर उसे रेज़िडेंट के अतिरिक्त सहायक के रूप में लखनऊ भेज दिया गया ताकि वहाँ जाकर अवध के शाही पुस्तकालयों की हस्तलिखित प्रतियों की विस्तृत सूची तैयार करे। वह 3 मार्च, 1848 को लखनऊ पहुँचा और डेढ़-पौने दो वर्ष में यह कार्य सम्पन्न करके 1 जनवरी 1850 को लखनऊ से दिल्ली वापिस पहुँच गया। इसी साल उसे मद्रसा-ए-आलिया, कलकत्ता का प्रिंसिपल बनाया गया। वह एशियाटिक सोसाइटी, बंगाल का सेक्रेटरी भी चुना गया और उसके समय में अनेक अरबी और फ़ारसी ग्रंथों का प्रकाशन हुआ। उसने हज़रत मुहम्मद साहब की जीवनी अँग्रेज़ी में लिखी जिसका पहला भाग 1851 ई॰ में इलाहबाद में छपा। पुस्तक-सूची का पहला खण्ड 1854 ई॰ में कलकत्ता से प्रकाशित हुआ। इस दौरान उसका स्वास्थ्य ख़राब रहने लगा और वह कंपनी की सेवा से अलग होकर 1856 ई॰ में जर्मनी वापस चला गया। हिन्दुस्तान से वापस आने के कुछ समय बाद वह 1858 में बर्न विश्वविद्यालय

(स्विट्ज़रलैंड) में प्रोफ़ेसर हो गया। 1881 में रिटायर हुआ और 19 दिसंबर 1893 को हाइडलबर्ग में उसकी मृत्यु हुई। हज़रत मुहम्मद साहब पर जर्मन भाषा में उसकी पुस्तक बर्लिन से दो खंडों में 1861-65 ई॰ तक प्रकाशित हुई।[1]

शिंप्रगर 1856 ई॰ में यानी 1857 की क्रांति से एक वर्ष पहले स्वदेश जर्मनी वापस पहुँच चुका था। प्राच्य विद्या और हिन्दुस्तानी हस्तलिखित प्रतियों में उसकी ऐसी रुचि थी कि उस यात्रा में वह 1,972 प्राच्य पांडुलिपियाँ अपने साथ लेता गया।[2] आगे चलकर उन 1,972 हस्तलिखित प्रतियों का उल्लेख उसने अपने व्यक्तिगत संग्रह की पुस्तक-सूची में किया है।

A Catalogue of the Bibliotheca Orientalis Sprengeriana, Giessen, 1857.

इससे प्रकट होता है कि जर्मनी पहुँचने के एक वर्ष के भीतर उसने उन दुर्लभ ग्रंथों की एक व्याख्यात्मक सूची भी शोधकर्ताओं के लाभ के लिए प्रकाशित कर दी। उसमें वह लिखता है, "मैं किंचित् विश्वास के साथ कह सकता हूँ कि आज तक कोई एक व्यक्ति इतनी बड़ी संख्या में प्राच्य पांडुलिपियाँ यूरोप लेकर नहीं आया जितनी बड़ी संख्या मेरे वैयक्तिक संग्रह में मौजूद है। बात केवल संख्या की ही नहीं बल्कि व्यापकता की भी है जिसके कारण वह संग्रह बहुमूल्य हो गया है।"[3] इस पुस्तक-सूची के प्रकाशन के एक वर्ष के अंदर यानी शिंप्रगर के स्वदेश लौटने के दो वर्ष के अंदर-अंदर इस समस्त अत्यंत दुर्लभ संग्रह को 1858 ई॰ में Konigliche Bibliothek Berlin ने अर्जित कर लिया और सुरक्षित कर दिया। डॉ॰ सैयद मुजाहिद हुसैन ज़ैदी का कथन है कि शिंप्रगर-संग्रह में कुल 96 हिन्दुस्तानी (उर्दू) पांडुलिपियाँ और दुर्लभ पुस्तकें थीं जिनका उल्लेख शिंप्रगरियाना के पृष्ठ 91 से 96 तक क्रम संख्या 1668 से 1764 तक मौजूद है। दूसरे महायुद्ध के दौरान परिरक्षण की दृष्टि से इन पांडुलिपियों को Staats Bibliothek Marburg और Universitats Bibliothek Tubingen में स्थानांतरित कर दिया गया जहाँ वे तलघरों में डाल दी गईं। इन तलघरों में हजारों प्राच्य पांडुलिपियाँ पहले ही थीं जिनके साथ ये दुर्लभ पांडुलिपियाँ भी रिल-मिल गईं और बाद में उनके

---

1. विवरण के लिए देखें 'डॉ॰ एलवास शिंप्रगर' ले॰ गोपीचंद नारंग (पृ॰ 99-103) और डॉ॰ शिंप्रगर लेखक डा॰ अब्बुल सत्तार सिद्दीक़ी (पृ॰ 122-127) लेख 'दिल्ली कालेज उर्दू मैगज़ीन' क़दीम दिल्ली कालेज नंबर, दिल्ली, 1953 ई॰ (संपादक : ख़्वाजा अहमद फ़ारूक़ी, गोपीचंद नारंग छात्र एम॰ ए॰)। इसके अतिरिक्त संपूर्ण जीवनी के लिए देखें प्रो॰ अनामेरी शिमिल की पुस्तक 'हिन्दुस्तानी-पाकिस्तानी भाषाविज्ञान में जर्मन विद्वानों का योगदान' हैमबुर्ग, 1981, पृ॰ 48 से 74 तक; 2. S. Mujahid Husain Zaidi, Urdu Handschriften Wiesbaden 1973 (pp IX-X) साथ ही देखें—
Annemarie Schimmel, German Contribution to the Study of Indo-Pakistani Linguistics, Hamburg 1981.

3. सैयद मुजाहिद हुसैन ज़ैदी, पृ॰ IX

नाम और स्थान का पता लगाने में अनेक कठिनाइयाँ आई। डॉ॰ सैयद मुजाहिद हुसैन ज़ैदी ने जब 1967 ई॰ में जर्मनी में हिन्दुस्तानी भाषा की पांडुलिपियों की सूची बनाने का काम शुरू किया तो ये हस्तलिखित प्रतियाँ बिखरी हुई थीं और 1973 ई॰ में जब उन्होंने अपनी निर्दिष्ट सूची प्रकाशित की तो यद्यपि उन्होंने कुल 83 हस्तलिखित प्रतियों (70 खंडों) का उल्लेख किया है लेकिन उन्हें भी शिंप्रगर-संग्रह से केवल 35 पांडुलिपियाँ मिल सकीं जो अब Staats Bibliothek Berlin में सुरक्षित हैं। शिंप्रगरियाना के शेष 61 रत्नों पर क्या बीती और इस समय वे कहाँ हैं इसका किसी को पता नहीं। डॉ॰ ज़ैदी ने यह भी स्पष्ट बता दिया है कि वह .खुद भी जर्मनी के सभी पुस्तकालयों में नहीं जा सके और उनका कार्यक्षेत्र केवल सरकारी पुस्तकालयों तक सीमित रहा। पश्चिम जर्मनी के अन्य पुस्तकालयों को इस प्रयोजन से अभी तक किसी ने नहीं खँगाला और पूर्व जर्मनी के सरकारी तथा ग़ैर-सरकारी पुस्तकालयों में उर्दू की पांडुलिपियाँ निश्चित रूप से होंगी। उनको भी किसी ने नहीं देखा। संभव है कि शिंप्रगरियाना की शेष 61 उर्दू पांडुलिपियों में से अधिकांश अधिक खोज करने से पश्चिम और पूर्व जर्मनी के पुस्तकालयों में मिल जाएँगी।

बर्लिन-प्रति

जैसा कि ऊपर बताया गया शिंप्रगर की पांडुलिपियों का बहुत बड़ा भाग पश्चिम बर्लिन में सुरक्षित है। 1982 की यूरोप यात्रा के दौरान इन पंक्तियों के लेखक को इस दुर्लभ संग्रह के दर्शन करने का अवसर मिला। शिंप्रगर ग्रंथ-सूची 1763 के अंतर्गत एक जिल्द में चार छोटी-छोटी पांडुलिपियाँ एक साथ बँधी मिलती हैं। लाल चमड़े की जिल्द पर बेलदार डिज़ाइन बना हुआ है। जिल्द कीड़े खा गये हैं। देशी काग़ज़ पर पाठ काली स्याही में नस्ख़ (उर्दू लिपि का एक रूप) में है। बीच-बीच में शीर्षक लाल स्याही से लिखे गए हैं। कुल पृष्ठ संख्या 138 है। इस जिल्द में निम्नलिखित चार पुस्तिकाएँ हैं जिनमें चौथी पुस्तिका हमारे लिए विशेष रुचि की है :

1. रिसाला क़वायद उन्निसा या किताब क़ानून उन्निसा
2. अहवाल-ए-नज़्र-ओ-नियाज़
3. ज़टल्लियात-ए-जाफ़र ज़टल्ली
4. पहेलीहा-ए-हिन्दी

अंतिम प्रति अर्थात् 'पहेलीहा-ए-हिन्दी' जो पन्ना सं॰ 120 से 136 तक है उसी के पहले और अंतिम अर्थात् पन्ना सं॰ 120ब और पन्ना सं॰ 136ब का चित्र दिया जा रहा है। इसमें कुल 150 पहेलियाँ हैं। पन्ना सं॰ 120 अ पर 'लुग़ज़ दर शम्अ अमीर ख़ुसरो' के अंतर्गत तीन पहेलियाँ नस्तालीक़ (उर्दू लिपि का

एक रूप) में आड़ी लिखी हुई हैं। यह लिखाई पांडुलिपि की लिखाई से बिल्कुल भिन्न है और लगता है ये तीन पहेलियाँ बाद में लिखी गईं। प्रति में कोई आदि या अंत नहीं है, न ही किताबत का वर्ष अंकित है। अलबत्ता उसी जिल्द में शामिल तीसरी प्रति में यानी 'ज़टल्लियात-ए-जाफ़र ज़टल्ली' में लिखावट का वर्ष 1210 हि॰/ 1795 ई॰ अंकित है। यदि ये चारों प्रतियाँ एक ही समय में नक़ल हुई हैं तो संभव है कि 'पहेलीहा-ए-हिन्दी' भी 1795 ई॰ का लिखा हुआ हो। लेकिन इस संबंध में विश्वास के साथ कुछ नहीं कहा जा सकता। पहेलीहा-ए-हिन्दी' शीर्षक की लिपि भी भिन्न है। 'ज़टल्लियात-ए-जाफ़र ज़टल्ली' और पहेलियों की प्रति की लिपि 'नस्ख़' एक ही हाथ की मालूम होती है।

पश्चिम जर्मनी में उर्दू की जो पांडुलिपियाँ सुरक्षित हैं उनकी सूची का जिसे सैयद मुजाहिद हुसैन ज़ैदी ने तैयार किया है पहले उल्लेख हो चुका है। उसकी एक हस्ताक्षरित प्रति उन्हीं के सौजन्य से प्राप्त हुई थी। उन्होंने अपनी सूची के पृष्ठ 81-82 पर इस हस्तलिखित प्रति 'पहेलीहा-ए-हिन्दी' का संक्षिप्त परिचय दिया है और पहली तथा अंतिम पहेली भी अंकित की है। इसी जिल्द की पहली और दूसरी प्रति यानी 'रिसाला क़वायदउन्निसा' और 'रिसाला अहवाल-ए-नज़्र-ओ-नियाज़' को डॉ॰ ख़्वाजा अहमद फ़ारूक़ी ने 'रिसाला उर्दू-ए-मुअल्ला, 'क़दीम उर्दू नंबर' में प्रकाशित भी किया है।[1] लेकिन लगता है या तो उन्होंने उस जिल्द को देखा नहीं या फिर उस पर सरसरी दृष्टि डालकर आगे बढ़ गए। डॉ॰ मुजाहिद हुसैन ज़ैदी ने भी श्प्रिंगर की सूची का संकेत तो दिया है लेकिन साधनों के अभाव में वह पहेलियों का मिलान न कर सके। न ही वह श्प्रिंगर के 1852 ई॰ वाले लेख या शम्सुल्लाह क़ादरी या सफ़दर 'आह' के लेखों का अवलोकन ही कर सके। वरना उसका महत्त्व उन पर स्पष्ट हो जाता और वह उसका उल्लेख निश्चित रूप से करते। डॉ॰ मुजाहिद हुसैन ज़ैदी ने अपनी पुस्तक-सूची के अंत में जो अनुक्रमणिका दी है उसमें श्प्रिंगर की रिपोर्ट (1896 ई॰) और श्प्रिंगरियाना की सूची (1857 ई॰) का ज़िक्र भी किया है। अनुमान है कि उन्होंने इन दोनों स्रोतों को भी ध्यान से देखा होगा और यदि उनमें अमीर ख़ुसरो के हिन्दवी काव्य का कोई संदर्भ मिलता तो उसका उल्लेख वह अवश्य करते। डॉ॰ ज़ैदी ने पश्चिम जर्मनी की जिन पांडुलिपियों का हवाला दिया है उनमें नौ हस्तलिखित प्रतियों को उन्होंने विशेष महत्त्व की प्रतियाँ बताया है और उनकी लिखावट के नमूने या चित्रों की छाया भी उन्होंने सूची के प्रारंभ में अंकित की है ('कर्बल कथा', 'फ़ज़ली', 'निकातुश्शुअरा', 'तबक़ात-ए-सुख़न', जायसी की 'कन्हावत', 'कुल्लियात-ए-सौदा', 'मसनवी सहर-उल-बयान' और

1. 'उर्दू-ए-मुअल्ला' क़दीम उर्दू नंबरः संपादक ख़्वाजा अहमद फ़ारूक़ी खंड 6, अंक 9 (पृ॰ 265)

'मसनवी लोरक-ओ-चंदा' इन्हीं पांडुलिपियों में से हैं) लेकिन उन्होंने 'रिसाला पहेलीहा-ए-हिन्दी' का उल्लेख नहीं किया। इससे स्पष्ट हो जाता है कि वह इस छोटी-सी हस्तलिखित प्रति के महत्त्व से अवगत नहीं थे। या किन्हीं कारणों से वह इस पर घ्यान नहीं दे सके जिसकी वह पात्र थी। आइए अब देखें कि सत्रह पन्नों अर्थात् चौंतीस पृष्ठों की इस छोटी-सी हस्तलिखित प्रति का क्या महत्व है। इतना तो सभी जानते हैं कि इसका संबंध शिंप्रगर-संग्रह से है और शिंप्रगर इसे अपने साथ अन्य दुर्लभ ग्रंथों के साथ हिन्दुस्तान से जर्मनी लाया और इस समय वह पश्चिम बर्लिन में सुरक्षित है। अमीर ख़ुसरो के हिन्दवी काव्य के संबंध में शिंप्रगर के तीन संदर्भ हमारे सामने हैं:

1. अवध के शाही पुस्तकालयों की सूची जो 1854 ई. में प्रकाशित हुई
2. 1854 ई. का लेख (शम्सुल्लाह क़ादरी के हवाले से) और
3. 1852 ई. का लेख (जर्नल एशियाटिक सोसाइटी, बंगाल द्वारा मुद्रित)

अमीर ख़ुसरो के हिन्दवी काव्य के बारे में उपर्युक्त तीन लेखों में से 1854 ई. का लेख हमारे सामने नहीं है लेकिन उसका विस्तृत संदर्भ 'उर्दू-ए-क़दीम' में मौजूद है और हम यह तय कर चुके हैं कि यह संदर्भ प्रत्यक्ष साक्ष्य पर आधारित है। दूसरे दो लेख अर्थात् 1852 ई. वाला लेख और 1854 ई. की सूची का संदर्भ अपने मूल रूप में हमारे सामने है। अब इनको एक-एक करके लीजिए। चर्चा में सुविधा की दृष्टि से शिंप्रगर-संग्रह की प्रस्तुत हस्तलिखित प्रति को हम बर्लिन-प्रति कहेंगे।

सबसे पहले सूची को लीजए। सूची में जो तीन पहेलियाँ 'घड़ियाल', 'खुरपा' और 'उस्तरा' मिलती हैं उनमें से कोई बर्लिन-प्रति में नहीं। ज़ाहिर है कि सूची में जिस हस्तलिखित प्रति का परिचय कराया गया है वह बर्लिन-प्रति से भिन्न कोई अन्य हस्तलिखित प्रति होगी जिसका सुराग़ आज तक नहीं मिला क्योंकि 'जवाहर-ए-ख़ुसरवी' या किसी अन्य लोक परंपरा का प्रतिनिधित्व करने वाली पुस्तक में भी इनं तीन पहेलियों में से किसी का कोई उल्लेख नहीं है।

सूची के बाद लीजिए 1854 ई. वाले लेख को। इस लेख से शम्सुल्लाह क़ादरी ने जो छह पहेलियाँ दर्ज की हैं उनमें से केवल दो पहेलियाँ यानी 'हम्द-ए-इलाही' (सब कोई उसको जाने है) और 'ख़रपुज़ा' (दस नारी का एक ही नर) बर्लिन-प्रति में ज्यों-की-त्यों मौजूद हैं लेकिन शेष चार पहेलियाँ नहीं हैं। इससे यह गुमान होता है कि 1854 ई. वाले लेख के स्रोत में शिंप्रगर ने एक से अधिक हस्तलिखित प्रतियों से सामग्री ली थी और यह भी संभव है कि उन प्रतियों में से एक प्रति यही बर्लिन-प्रति हो। शिंप्रगर के प्रमाण पर यह तो विदित है ही कि तोपख़ाना-संग्रह में अमीर ख़ुसरो के हिन्दवी काव्य की

छोटी-छोटी दस-बारह पुस्तिकाएँ थीं। इसलिए संभव है कि शेष चार पहेलियाँ या 1854 ई॰ वाले लेख की सभी प्रतियाँ श्प्रिंगर ने किसी और हस्तलिखित प्रति से ली हों जिसका आज तक कोई सुराग़ नहीं मिला। कहना न होगा कि वह प्रति प्रस्तुत बर्लिन-प्रति से भिन्न थी।

अब लीजिए श्प्रिंगर के 1852 ई॰ वाले लेख को। इसमें जो छह पहेलियाँ दी गई हैं और जिनके बारे में श्प्रिंगर ने स्पष्ट किया है कि ये तोपख़ाना-संग्रह की हस्तलिखित प्रति से उतारी जा रही हैं, ये छह की छह पहेलियाँ ज्यों-की-त्यों बिना किसी पाठांतर के प्रस्तुत बर्लिन-प्रति में मौजूद हैं। 'हम्द' वाली दोनों पहेलियाँ और 'ना'त' वाली पहेली पहले ही पृष्ठ अर्थात् पन्ना सं॰ 120 ब पर अंकित हैं। 'चराग़' वाली पहेली जो बाद के हाथ (लिखाई) में है, मुख पृष्ठ से ली गई है। 'ख़रपुज़ा' वाली पहेली पन्ना सं॰ 126अ पर मौजूद है और पहेली 'हलालख़ोर' पन्ना सं॰ 127ब पर दर्ज है। अलबत्ता इसमें शीर्षक 'पहेली ख़ाकरोब' है। इसी तरह 'हम्द' वाली एक पहेली का शीर्षक भी 'ख़ुदा की तारीफ़ में' के बजाए 'पहेली हम्द-ए-इलाही' लिखा है। जहाँ तक पहेलियों के पाठ का संबंध है वह ज्यों-का-त्यों है और उसमें कोई अन्तर नहीं। अंतिम दोनों पहेलियों के सामने 'साद'[1] का चिन्ह भी है जो शायद उन पहेलियों को नक़ल करने के लिए लगाया गया होगा। शीर्षकों में हुए साधारण परिवर्तन से अलबत्ता यह गुमान होता है कि या तो लेख लिखते समय शीर्षक में थोड़ा रद्दोबदल हो गया या फिर तोपख़ाना-संग्रह में अमीर ख़ुसरो के हिन्दवी काव्य की जो दस-बारह हस्तलिखित प्रतियाँ थीं उनमें कई प्रतियाँ मिलती-जुलती थीं और प्रस्तुत बर्लिन-प्रति उस हस्तलिखित प्रति की नक़ल थी या वह हस्तलिखित प्रति बर्लिन प्रति की नक़ल थी जिससे श्प्रिंगर ने अपने 1852 ई॰ लेख के लिए छह पहेलियाँ निकाली थीं। हमारे इस दृष्टिकोण की इस बात से भी पुष्टि होती है कि बर्लिन-प्रति में कुल 150 पहेलियाँ अंकित हैं जबकि श्प्रिंगर ने लिखा है कि समस्त हस्तलिखित प्रतियों में कुल मिलाकर 200 पहेलियाँ हैं। संभवतः इन प्रतियों में कई पहेलियाँ समान होंगी। बहरहाल, बर्लिन-प्रति में श्प्रिंगर के 1852 ई॰ वाले लेख की छह की छह पहेलियों का मिल जाना और ठीक उसी पाठ के साथ मिल जाना जो श्प्रिंगर के लेख में है इस बात का पर्याप्त प्रमाण है कि बर्लिन-प्रति ही अवध के नवाबों के तोपख़ाना-संग्रह की वह पांडुलिपि है जो 1852 ई॰ वाला लेख लिखते हुए श्प्रिंगर के सामने रही होगी। इसके अतिरिक्त यह कि पहेली 'ख़रपुज़ा' और पहेली 'ख़ाकरोब' के हाशिए में 'साद' का निशान भी इस तथ्य की ओर

1. अरबी लिपि का चौदहवाँ अक्षर जो शुद्ध या सही के लिए संकेताक्षर के रूप में प्रयुक्त किया जाता है।

इंगित कर रहा है क्योंकि शेष चार पहेलियाँ तो मुखपृष्ठ और पहले पृष्ठ से ली गई थीं। प्रति के पाठ के अंदरूनी पन्नों से यही दो पहेलियाँ ली गई हैं जिस पर 'साद' का चिन्ह अंकित है। इसके अलावा कई पहेलियों के पाठ के बीच-बीच में कुछ शब्दों के ऊपर धुँधली लिखाई में अंग्रेजी समानार्थी भी लिखे हुए हैं जिनसे स्पष्ट होता है कि किसी विदेशी ने इन पहेलियों को समझने की कोशिश की है। संभव है कि अंग्रेजी के समानक स्वयं श्प्रिंगर के ही क़लम के हों। सारांशतः अवध के नवाबों के पुस्तकालयों में अमीर ख़ुसरो के हिन्दवी काव्य की जो हस्तलिखित प्रतियाँ सुरक्षित थीं और उनमें जो दो सौ पहेलियाँ थीं उनमें से 150 का बर्लिन-प्रति के रूप में मिल जाना ख़ुसरो-प्रेमियों के लिए एक अनुपम उपहार है या नहीं परन्तु इसमें कोई संदेह नहीं कि इससे ख़ुसरो के हिन्दवी काव्य पर आगे अनुसंधान और जाँच-पड़ताल का एक नया दरीचा निश्चय ही खुल जाता है।

प्रति की विशेषताएँ

बर्लिन-प्रति का जो चित्र प्रकाशित किया जा रहा है उसी से यह आभास होगा कि प्रति 'नस्ख़' लिखाई में है। इसकी सूचना मैंने डॉ. ज्ञानचंद जैन को दी तो उन्होंने कहा, "ख़त-ए-नस्ख़ में उर्दू लिखने का रिवाज शिमाली हिंद (उत्तर भारत) के मुक़ाबिले में दकन में ज़्यादा था। मुमकिन है उसका मख़्तूता (पांडुलिपि) दकन में लिखा गया हो।"[1] लेकिन मुखपृष्ठ की आड़ी लिखी हुई तीन पहेलियाँ 'नस्तालीक़'[2] में हैं और उनमें दूसरी पहेली 'चराग़' "तेली का तेल कुम्हार का हंडा, हाथी की सूँड नवाब का झण्डा" शायद क्षेपक है क्योंकि नवाब के झण्डे का सम्बन्ध स्पष्ट रूप से अवध से जान पड़ता है। 'पहेलीहा-ए-हिन्दी' शीर्षक भी नस्तालीक़ में है लेकिन वह लिखावट अलग है और पहेलियों की नस्तालीक़ से प्राचीनतर मालूम होती है। नस्तालीक़ में आड़ी लिखी हुई पहेलियों की चार विशेषताएँ ध्यान देने योग्य हैं :

1. याए मारूफ़ (ई) और मज्हूल (ए) का अन्तर कहीं किया है, कहीं नहीं किया। 'गोरी', 'कोई', 'हाती', 'की' शब्दों को स्पष्टतः याए मारूफ़ से लिखा है। इसी प्रकार 'रोवी' '(रोवे), 'पूछी' (पूछे), 'लेकी' (लेके) जो याए मज्हूल से हैं उनको भी याए मारूफ़ से लिखा है। अलबत्ता 'हँसे,' 'से' को साफ़ मज्हूल से लिखा है।

2. "हकारांत स्वरों को कहीं भी दुचश्मी 'हे' से नहीं लिखा : 'खरी खरी' (खड़ी खड़ी), 'पूछी' (पूच), 'हाती' (हाथी), 'झन्दा' (झण्डा) आदि।

3. टकार ध्वनियों के लिए सिरे से कोई चिह्न नहीं लगाया गया, न ही दो नुक्ते और लकीर, न चार नुक्ते और न छोटी 'तोय' का निशान कुछ भी नहीं।

---

1. लेखक को लिखा गया पत्र तारीख 28 जनवरी, 1987; 2. नस्ख़ और नस्तालीक़ दो प्रसिद्ध लिपियाँ हैं जिनमें पहली में अरबी और दूसरी में उर्दू लिखी जाती है।

इन अक्षरों को हर जगह सादा लिखा है यानी ''खड़ी खड़ी'' को ''खरी खरी'', ''हण्डा'' को ''हंदा'', सूण्ड को 'सूंद', चुटिया को 'चुतिया' और झण्डा को 'झंदा'।

4. काफ़ (क) और गाफ़ (ग) के मर्कज़ (वक्ररेखा) में हर जगह फ़र्क़ रखा है। अब आइए मूल पाण्डुलिपि पर। सबसे पहले टकार ध्वनियों की समस्या को लीजिए जिनके बारे में कई तरीक़े प्रचलित रहे हैं। डॉ. नज़ीर अहमद ने लिखा है कि 'नौरस' नामक पुस्तक में कातिब ने टे (ट) डाल (ड) ड़े (ड़) के लिए (वर्ण 'टे', 'दाल', 'रे') नीचे तीन नुक्ते लगाए हैं।[1]

विभिन्न भाषाओं में विभिन्न कातिबों ने इन्हें लिखने के अलग-अलग ढंग अपनाए हैं। इसमें क्षेत्रीय अन्तर भी मिलता है—कभी चार नुक्ते, कभी दो नुक्ते और ऊपर लकीर और कभी ऊपरी तोय। डॉ. ज्ञानचंद जैन ने एक पत्र में लिखा : ''जम्मू में एक दकनी मसनवी ''हुस्न-ओ-दिल'' 1242 हि॰/1826 ई॰ की मक्तूबा (लिखी हुई) है। उसमें 'टे', 'ठे' पर 'तोय' की जगह चार नुक्ते हैं लेकिन 'डाल, 'ड़े' के लिए दो ज़बर (वक्र रेखा)[2] इसी पत्र में उन्होंने सूचित किया कि पृथ्वीचंद ने 'मुरक्का-ए-ग़ालिब' में ग़ालिब के जो पत्र छापे हैं उनमें ड, ढ, ड़, ढ़ के लिए हर जगह ऊपरी 'तोय' है लेकिन ट, ठ के लिए हमेशा चार नुक्ते हैं 1859, 1861, 1865 तक के पत्रों में। डॉ. ज्ञानचन्द जैन का विचार है : ड, ठ, ड़, ढ़ पर उन्नीसवीं शताब्दी के उत्तरार्ध में 'तोय' लिखी जाने लगी। ट, ठ पर 1860 के बाद किसी समय लिखी गई।[3]

बर्लिन-प्रति इस दृष्टि से एक रोचक स्थिति उत्पन्न करती है। उसके प्रथम तथा अन्तिम पृष्ठ का जो चित्र प्रस्तुत किया जा रहा है उसी से अनुमान हो जाएगा कि ट, ठ, ड, ढ, ड़, ढ़ इन सभी टकार ध्वनियों के लिए ऊपरी 'तोय' का प्रयोग किया गया है। इतना तो हमें ज्ञात ही है कि 1852 में यह पाण्डुलिपि श्प्रिगर के सामने रही है तो कहना चाहिए कि 1860 के बाद का सिद्धान्त अमान्य हो गया। यदि ग़ालिब 1865 ई. तक के पत्रों में चार नुक्ते लिख रहे थे तो इससे साबित हुआ कि एक ही समय में अलग-अलग लोग अलग-अलग ढंग से लिखते रहे हैं। इससे भी अधिक दिलचस्प बात यह है कि जिस जिल्द में बर्लिन-प्रति मिली है उसी की तीसरी प्रति 'ज़टल्लियात-ए-जाफ़र ज़टल्ली' की लिखावट का वर्ष मालूम है 'तम्मत तमाम शुद दीवान-ए-जाफ़र-ज़टल्ली दर शब-ए-यकशंबा अरक़ाम नमूदा शुद 1210 सन् हिजरी।[4] 1210 हि.=1795 ई. के। प्रो. एन मेरिया शिमल ने अपनी पुस्तक German Contributions to

---

1. डॉ. तनवीर अहमद अलवी : उसूल-ए-तहक़ीक़-ओ-तरतीब-ए-मतन, पृ. 243; 2. लेखक को संबोधित पत्र तारीख 28 जनवरी, 1987; 3. वही; 4. डॉ. मुजाहिद हुसैन जैदी : जमर्न कैटेलाग जिसका सन्दर्भ पहले आ चुका है, पृ. 81।

the Study of Indo-Pakistani Linguistics, Hamburg 1881 के पृष्ठ 70 पर जहाँ 'कर्बल कथा' का चित्र दिया है वहाँ अगले पृष्ठ पर 'कुल्लियात-ए-जाफ़र ज़टल्ली' के एक पृष्ठ का अक्स भी दिया है।[1] यह इबारत यद्यपि फ़ारसी में है लेकिन कहीं-कहीं देशी शब्द भी आ गए हैं। देखिए अन्तिम दो पंक्तियों में 'छोपड़ा' और 'खरभोर हट' में साफ़ ऊपरी तोय टकार स्वर के साथ मौजूद है। इसी के साथ हकारांत वर्णों में दुचश्मी 'हे' भी आ गई है जैसे 'पूँछो', 'कभी', 'फिरत', 'थूकम थूका' आदि। अर्थात् एक ओर तो 1865 ई. तक दिल्ली में ट लिखने के लिए चार नुक्तों का चलन था, तो दूसरी ओर यह भी सच है कि 1795 ई. में सभी टकार ध्वनियाँ जिसमें ट भी शामिल है ऊपरी तोय से लिखे जा रही थीं। हम पहले कह चुके हैं कि 'कुल्ल्यात-ए-जाफ़र ज़टल्ली' और पहेलियों की प्रति की नस्ख़ लिखाई लगभग एक है और एक ही हाथ की मालूम होती है तो इसमें टकार अक्षरों के लिए ऊपरी तोय के प्रयोग को उसके अपेक्षातः आधुनिक होने के प्रमाण के रूप में प्रस्तुत नहीं किया जा सकता। जब ''कुल्लियात-ए-जाफ़र ज़टल्ली'' इस लिपिगत विशेषता के साथ 1795 ई. की लिखी हुई हो सकती है तो बर्लिन-प्रति भी केवल इस आधार पर बाद की क्यों ठहराई जाए। बर्लिन-प्रति पर किताब का वर्ण या कोई लिखावट संबंधी निर्देश नहीं है लेकिन अधिक सम्भावना यही है कि वह भी उसी काल में अर्थात् 1795 ई. के आसपास लिखी गई। अब बर्लिन-प्रति की अन्य लिखावट सम्बन्धी विशेषातएँ देखिए।

1. पूरी पांडुलिपि में हर जगह पहेली को 'पहेले' लिखा है सिवाय मुख-पृष्ठ के जहाँ किसी दूसरी लिखावट में 'पहेलीहा-ए-हिन्दी' लिखा है।

2. दुचश्मी 'हे' और कुहनीदार 'हे' में कोई भेद नहीं किया गया, जैसे 'खिलाते' और 'कहलाते' में कोइ अन्तर नहीं। इसी तरह फचाने (पहचाने), यह (ये), खने (कहने), झाँसे (जहाँ से), बदहना (बधना) ब्हेंट (भेंट), कराही (कराहे), नूहीं (नहीं), बाँद (बाँध), व्हाँ तक (वहाँ तक), लाकूह (लाख), इलही (इलाही), बैट्ह (बैठ), आफेसी (आप ही से), खी (कही), मुजको (मुझको), प्हंकारी (फुनकारे)।

3. याए मारूफ़ और याए मज्हूल में अक्सर जगह कोई भेद नहीं किया, उदाहरण के लिए 'की' ओर 'के' में कोई अंतर नहीं। इसी प्रकार मुट्ठे (मुट्ठी), नाचा करी (नाचा करे), पंछे (पंछी) सी और से में कोई भेद नहीं है। भीके (भीगी), बैकंठे (बैकुंठी), एकठे (इकट्ठे), हलका बेने (बीनी)।

4. केवल कुछ शब्दों में टकार ध्वनि को सादा लिखा है जैसे नारी (नाड़ी), सांद (साँड), रांद (रांड), कपरा (कपड़ा), चमकादर (चमगादड़)।

1. एन मेरिया शिमल, जिनका ऊपर हवाला आया है, पृ. 71

5. कहीं-कहीं 'इये' (ई की मात्रा) का लोप भी कर दिया है जैसे पहली पहेली में सखियन को सखन लिखा है।

6. काफ़ और गाफ़ (क ग) के मर्कज़ों (अक्षर के ऊपर की वक्र रेखा) में भी जगह-जगह कोई भेद नहीं किया गया। मिसाल के तौर पर घर को खर लगाबे को लकावे, घबराए को खबराए, जोगी को जोकी, घने को खनिया, कत (गत), नकरी (नगरी), राक (राग), कोर (गोर), जक (जग), पतंक (पतंग), संक (संग), सरंक (सरंग), नाक (नाग), सूंखे (सूँघे), चमकादर (चमगादड़) महँकी (महँगी), कचरा (कजरा) अरकजा (अरगजा), पलंक (पलंग)। इसी तरह रंकत (रंगत), कीत (गीत), अकन (अगन) जक (जग), लके (लगे), करम (गरम), रंक (रंग), खनेरी (घनेरे), बाकन बाकन (बागन बागन) का और गा में भेद नहीं है।

7. नुक़्तों का ध्यान कहीं रखा है, कहीं नहीं। दो नुक़्तों के लिए एक या एक के लिए दो या नुक़्तों का बिल्कुल न होना आम है।

8. नून और नून गुन्ना (अनुस्वार तथा अनुनासिक) में भी कोई फ़र्क़ नहीं है जैसे सों के लिए सोन, रहें के लिए रहीन, हैं के लिए हैन, नहीं के लिए नहीन, काँवन जावन आदि।

9. कहीं-कहीं नुक्ता नहीं लगाया जैसे महसे (मुहँ से) कहीं नुक्ता अनावश्यक है जैसे धोनकोनसी (दुखों से) बैंठती (बैठती)।

10. बहुत से अक्षरों में अनावश्क रूप से 'हे' जोड़ दी गई जैसे कंथ (कंत), दुक्ह (दुख), यह (ये), देह (दीह), पेटा (पेट)।

11. अक्सर शब्दों को मिलाकर लिखा है जैसे सबकोई (सब कोई), उसको (उस को), मुँहसे (मुँह से), किस्से (किस से), जीका (जी का), हमने (हम ने) इश्नान्के (इश्नान की), धोंकोनसी (दुखों से), तनमें (तन में), बिचारेसे (बिचारी से), खानेको (खाने को), रैनको (रैन को), नक्हे (न कहे), कौनसे (कौन सी), चरनोंसे (चरनों से) नकरूँ (न करूँ) एक्हे (एक ही), ओसीके (उसी के), दिनमें (दिन में), नारीको (नारी को), नारीमें (नारी में) आदि।

12. हम्ज़ा (ء) का कहीं ध्यान रखा है, कहीं नहीं। अधिकांश शब्द हम्ज़ा के बिना लिखे गए हैं।

13. मद (अलिफ़ के ऊपर खींची जाने वाली लकीर जिससे वह 'अ' के बजाय 'आ' पढ़ा जाता है) ज़्यादातर नहीं लगाया, जैसे आठ के लिए अठ, आन के लिए अन आदि।

14. ऐराब (ज़ेर (इ) ज़बर (आ) पेश (उ) का इस्तेमाल बिल्कुल नहीं किया गया। अलबत्ता जगह-जगह ऐराब के स्थान पर वावऊ का प्रयोग मिलता है जैसे उसके बजाए ऊस, उन की जगह ऊन, सुन के बजाए सून, उठ की जगह ऊठ, ओल्टी (उल्टी), ओजड़ी (उजड़ी), ओगली (उगले), ओसे (उसे), ओपजीं

(उपजीं) आदि ।

जहाँ तक आंतरिक साक्ष्यों का सम्बन्ध है लेखन-शैली के अतिरिक्त भाषा से या विषय से या कहीं-कहीं संज्ञाओं और नामों से या विशेष शब्दों से सहायता ली जा सकती है। 'जवाहर-ए-ख़ुसरवी' में लोक-परंपरा का जो काव्य है उस पर हुई बहस से हमें यह मालूम है कि किसी बात का खंडन करने के लिए जिन साधनों से नकारात्मक सहायता लेना जितना सरल और सार्थक है किसी बात की यथार्थता को सिद्ध करने के लिए उन्हीं से सकारात्मक सहायता लेना उतना ही कठिन भी है और निरर्थक भी। ख़ुसरो के प्रामाणिक या लगभग प्रामाणिक हिंदीवी काव्य के अंशों की चर्चा करके हम प्रथम भूमिका में स्पष्ट कर चुके हैं कि उसमें प्राचीन ब्रजभाषा के तत्त्व भी हैं और प्राचीन खड़ी बोली के भी और प्रायः हिन्दी का वह मिला-जुला रूप सामने आता है जिसमें खड़ी बोली की अपेक्षा ब्रजभाषा की प्रधानता है। तेरहवीं सदी की हिन्दवी का कोई ऐसा मानक रूप निश्चित तौर पर हमारे सामने नहीं जिसे कसौटी बनाकर बर्लिन-प्रति की भाषा को जाँचा-परखा जाए और निश्चयात्मक ढंग से निष्कर्ष निकाले जाएँ। विभिन्न तत्त्वों की पहचान तो आसानी से की जा सकती है कि यह प्राचीन खड़ी बोली का रूप है, यह प्राचीन ब्रज का या यह दोनों का मिला-जुला रूप है या अपेक्षया शुद्ध भाषा है। परन्तु ऐसी कोई भी कोशिश सफल नहीं होगी क्योंकि उससे स्पष्ट रूप से कुछ सिद्ध नहीं किया जा सकता। बर्लिन-प्रति की 150 पहेलियों की भाषा उस हिन्दवी काव्य से मिलती-जुलती है जिसकी प्रामाणिकता से हम प्रथम भूमिका में बहस कर आए हैं। खड़ी बोली में ब्रज का पुट, कहीं एक का रंग चोखा है, कहीं दूसरी का उसमें यह साफ देखा जा सकता है। अमीर ख़ुसरो के प्रामाणिक हिंदवी अंश और उससे संबद्ध दोहों को सामने रखा जाए तो उन पहेलियों की भाषा में कोई बात ऐसी नहीं मिलती जो उनके अप्रामाणिक होने के समर्थन में लाई जा सके।

विषय के मामले में इतनी कठिनाई नहीं है। यह बात एक नज़र देखते ही कही जा सकती है कि 'तुफ़ंग' और 'तोप' उस युग में कहाँ। निश्चय ही ये पहेलियाँ बाद में शामिल हो गई होंगी और अमीर ख़ुसरो का उनसे क्या लेना-देना। हालाँकि यह भी सच है कि बारूद की मध्य युग तो क्या प्राचीन काल में शायद चीन में खोज हो गई थी। कुछ अरबी ग्रन्थों में बारूदी तत्त्वों का संकेत 1200 ई. से मिलने लगता है और हिन्दुओं, अरबों, चीनियों, यूनानियों सबका दावा है कि बारूद के घटकों को पहले उन्होंने खोज निकाला। फिर तेरहवीं शताब्दी में बन्दूक़ें चलने लगी थीं। फिर भी यह तो सैनिक शोधकर्ता ही बता सकेंगे कि हिन्दुस्तानी लड़ाइयों में पहली बन्दूक़ या तोप कब दाग़ी गई। यह पता चल भी जाए तो भी इसका खंडन बहुत आसान है और मंडन उतना ही कठिन।

दूसरे शब्दों में जितनी सरलता से हम तुफ़ंग और तोप वाली पहेलियों को रद्द कर सकते हैं और उनकी अस्वीकृति स्वयं सिद्ध है, उतनी ही निश्चयात्मकता के साथ चक़माक़ और पथरी वाली पहेलियों से उनकी प्राचीनता के पक्ष में कोई तर्क प्रस्तुत नहीं कर सकते हालाँकि वे संख्या में अधिक हैं यानी एक और तीन के अनुपात में हैं। बहरहाल यही स्थिति हुक्के़ और पेचवान की है क्योंकि तंबाकू सोलहवीं शताब्दी में पुर्तगालियों के साथ हिंदुस्तान आया। ऐनक और साबुन का प्रचलन इतिहास में तेरहवीं शताब्दी से मिलने लगता है। लेकिन हिंदुस्तान में रिवाज कब से हुआ, भली प्रकार ज्ञात नहीं। फिर भी सती का रिवाज तो था, उसके समर्थन में अमीर खुसरो का फ़ारसी शेर और दोहा मौजूद है जिसे लछमीनारायन 'शफ़ीक़' ने 'चमनिस्तान-ए-शुअरा' में दर्ज किया है। लेकिन सती का रिवाज बहुत बाद तक रहा। यही मामला घड़ियाल बजाने और ढेंकली से पानी निकालने का है। बहरहाल जिस तरह तुफंग, तोप, हुक्का, पेचवान आदि पहेलियों को आसानी से रद्द कर सकते हैं कि ये प्रक्षिप्त हैं उसी तरह सती, चक़माक़ और पथरी घड़ियाल या ढेंकली की मदद से उनकी प्राचीनता के पक्ष में दलील नहीं ला सकते क्योंकि उनका रिवाज तेरहवीं सदी के बाद भी मिलता है। शायद इसीलिए श्प्रिंगर ने अपने 1852 वाले लेख में इन पहेलियों को अंकित करने से पहले लिखा हैः

I take this opportunity of adding some specimens of early Rekhtah poetry. Qayim says that Amyr Khosraw has written Rekhtah verses, and that he is the author of Rekhtah logogriphs. He quoted two verses and no riddles. I give one of the verses quoted by Qayim and the whole ghazal, from which the other verse is taken and some specimens of riddles, though it is certain that nine-tenths of the riddles ascribed to him are of much more recent date.

अर्थात् यह जान पड़ता है कि इसकी प्रबल संभावना है कि इन दस में से नौ बाद की हों। श्प्रिंगर की इस राग से असहमत होने का कोई कारण नहीं यद्यपि मेरा विचार है यह कुछ कड़ा निषेध है। लेकिन यही कड़ा निषेध उस आवश्यकता का प्रतीक भी है जिसके अधीन श्प्रिंगर ने 1852 ई. के लेख में तोपख़ाना की प्रति की पहेलियों का परिचय कराना आवश्यक समझा और जिस आवश्यकता के कारण वह उन पहेलियों की प्रतियों को अपनी अन्य बहुमूल्य साहित्यिक विधि के साथ, जैसा कि कहते हैं, सात समंदर पार ले गया और जिसके कारण आज बर्लिन-प्रति का संपादन और प्रकाशन हो रहा है। ऐसा इसलिए कि यदि उनमें दस प्रतिशत पहेलियाँ भी मौलिक हैं (और संभव है कि इससे कम मौलिक हों या इससे अधिक मौलिक हों) अर्थात् 150 पहेलियों

में कितनी ही अनुदारता से किए गए अनुमान से यदि केवल 15 पहेलियाँ भी मौलिक हों तो जब तक हमें यह मालूम नहीं कि वे 15 पहेलियाँ कौन-सी हैं इस निधि की सुरक्षा न केवल हमारा भाषायी और साहित्यिक कर्त्तव्य है, सांस्कृतिक दायित्व भी है क्योंकि अगर हम ऐसा नहीं करते तो जिस तरह दूसरे साधन नष्ट हो गए, या दूसरी हस्तलिखित प्रतियाँ बरबाद हो गईं और उनमें से प्रयत्न और खोज के बावजूद आज तक एक प्रति भी हाथ नहीं आई, यह प्रति भी हमारी उदासीनता और उपेक्षा का शिकार हो सकती है। इतना तो निश्चित है ही कि प्रक्षिप्त पहेलियों को निकालकर शेष में से कुछ या अधिकांश अमीर ख़ुसरो की हो सकती हैं। यही बर्लिन-प्रति का महत्त्व है और यही इसके सम्पादन और प्रकाशन का औचित्य भी।

इन पहेलियों का उल्लेख डॉ. मुजाहिद हुसैन ज़ैदी ने भी किया और प्रो. एन. मारिया शिमेल ने भी अपनी पूर्वोल्लिखित पुस्तक में एक पंक्ति में अमीर ख़ुसरो का हवाला दिया लेकिन इन दोनों में से किसी को तोपख़ाना-संग्रह से उनके संबंध का अंदाज़ा न था, न ही श्प्रिंगर के 1852 ई. वाले लेख से उनके रिश्ते की जानकारी थी वरना वे इस प्रति का यों सरसरी हवाला देकर न गुज़र जाते। कुछ भी हो बर्लिन-प्रति को यह अधिकार पहुँचता है कि उसे सावधानीपूर्वक जाँचा-परखा जाए और उसका संपादन किया जाए ताकि दूसरे भी उसका अध्ययन कर सकें और उसके बारे में राय दे सकें।

जहाँ तक कलात्मक तथा अर्थपरक विशेषताओं का सम्बन्ध है उनकी सहायता से यदि विपक्ष में कुछ कहा जा सकता है तो पक्ष में भी बहुत कुछ कहा जा सकता है। बहरहाल इस संबंध में मुम्ताज़ हुसैन का मत ध्यान देने योग्य है कि क्या ज़रूरी है कि एक ही व्यक्ति समस्त संभावनाओं को समेटे। कुछ काम दूसरों के लिए भी छोड़ देना चाहिए क्योंकि ऐसे भी लोग होंगे जो केवल दुर्बल पक्षों को देखेंगे और ऐसे भी होंगे जिनको केवल ख़ूबियाँ ही ख़ूबियाँ नज़र आएँगी। इतना तो मालूम है कि बर्लिन-प्रति की जिन छह पहेलियों को श्प्रिंगर ने 1852 ई. वाले लेख में दर्ज किया था उनकी समीक्षा करते हुए सफ़दर 'आह' ने कुछ ऐसी बातें लिखी हैं जो उनकी दायित्व-शून्यता की द्योतक हैं। उदाहरण के लिए यह कि दूसरी पहेली 'हम्द-ए-इलाही' के पहले मिसरे में 'सब कोई' की जगह 'हर कोई' होना चाहिए या पहली पहेली के तीसरे और चौथे मिसरे में 'भा' और 'चा' निरर्थक हैं।[1] 'भा' 'भाना' से और 'चा' चाह का साधारण रूप तो निरर्थक नहीं है। लेकिन इससे यह निश्चित रूप से पता चलता है कि जब हम आपत्ति करने पर आते हैं तो कितने आत्मनिष्ठ हो जाते हैं और इन मानदंडों

1. सफ़दर 'आह', पृ. 31

को उस पाठ पर लागू करने लगते हैं जो अपने काल के मानदंड के अनुरूप रूपायित हुआ होगा। यह निर्णय हम कैसे दे सकते हैं कि मध्यकाल में 'हर कोई' के लिए 'सब कोई' किसी बोली में प्रचलित नहीं था। हम यह भी भूल जाते हैं कि इस प्रकार के काव्य का रूप लोकप्रिय और लोकरंजक है। पहेली कहने वाले का सारा ध्यान पहेली की संरचना और उसकी प्रतीकात्मकता तथा सांकेतिकता या कुछ शब्दों के द्वि-अर्थक होने पर केंद्रित रहता है। पहेली कहना और बूझना एक खेल था और उस खेल में सामने की बात को शब्दों में लपेट देना या किसी गुत्थी को इशारों में खोलना उस खेल का कमाल था। अमीर ख़ुसरो बड़े प्रखर बुद्धि और प्रतिभाशाली व्यक्ति थे। उनका व्यक्तित्व जितना बहुआयामी था शायद ही किसी का रहा हो। उनके मानसिक, रचनात्मक और सामाजिक क्रिया-कलाप पर दृष्टि डालिए तो 'बहुगुण संपन्न' विशेषण भी साधारण लगता है। उन्होंने भाँति-भाँति के कार्य किए, नाना प्रकार की विधाओं को अपनाया और कैसी-कैसी अद्भुत चीज़ें यादगार के रूप में छोड़ गए। उन्हीं में उनका लोकप्रिय साहित्य भी है और बर्लिन-प्रति की कुछ पहेलियाँ भी होंगी। यह तो मानना ही पड़ेगा कि इस प्रकार का काव्य अपनी लोकप्रियता के बल पर पीढ़ी-दर-पीढ़ी चला आ रहा है और काव्यप्रेमी अपनी बयाज़ों में लिखते रहे होंगे। बहरहाल जिसने भी इन पहेलियों को एकत्रित किया और पुस्तक का रूप दिया, उसने उस काल में जिस प्रकार पुस्तक का आरंभ होता था उसका पूरा पालन किया है। उदाहरण के लिए प्रति का प्रारंभ 'बिस्मिल्लाह अर्रहमान इर्रहीम'[1] से होता है, पहली दो पहेलियाँ 'हम्द'[2] में हैं, फिर ना'त-ए-रसूल[3] में पहेली है, उसके बाद की पहेली मन्क़बत[4] में हैं। इतना ही नहीं, संसार का कोई भी काम 'आदम' के बिना शुरू नहीं हो सकता, इसलिए हम्द, ना'त और मन्क़बत के बाद हज़रत आदम आ जाते हैं और उसके बाद आम पहेलियों का क्रम शुरू हो जाता है।

बर्लिन-प्रति का संपूर्ण पाठ प्रकाशित किया जा रहा है, इसलिए उसकी व्याख्या की आवश्यकता नहीं। पहेलियों को उनके प्रकार और गुणों के साथ पाठ वाले भाग में देखा जा सकता है। जहाँ-जहाँ ज़रूरी था, हाशिए में स्पष्टीकरण कर दिया गया है। यहाँ केवल कुछ पहेलियों के संबंध में कुछ संकेत दिए जाते हैं : 'पहेली दाम-ए-माही' (पृ. 121 ब), ''जे कारन पी जल गए और जी का करने काल, घर बिन जी तड़पन लगे सो कैसा यह जंजाल''। पहले तो यह कि जंजाल में जाल मौजूद है, जल का लाभ तो हर जगह उठाया है। 'पी जल गए' में 'पी' प्रीतम भी है प्रीतम जल गए, पानी में गए और पानी के अनुरूप ही 'पी'

---

1. क़ुरान की एक आयत : शुरू करता हूँ अल्लाह के नाम के साथ जो बड़ा कृपालु और बड़ा दयावान है; 2. ख़ुदा की तारीफ़; 3. हज़रत मुहम्मद साहब की छंदोबद्ध स्तुति।

पीना की धातु भी है और 'पी का जल जाना' इस पंक्ति में 'काल के कारण भी काव्यात्मक सौंदर्य रखता है। 'जे', 'जी', और 'जल' में भी अनुप्रास है। फिर 'जी' और 'काल' का संबंध भी आकृष्ट करता है। इनमें अनके पहेलियाँ ऐसी हैं जिनके अर्थपरक संयोजकों और अर्थ के भीतर अर्थ का विधान भी जटिल है और उनके रचयिता की मानसिक उर्वरता तथा कुशलता का द्योतक है। अगले पृष्ठ 122 अ पर 'पहेली सोज़न' देखिए—'डूबी जावे सर के बल, पाट ही पाट नहीं है जल', 'ग़ोते खाती जाती है, छाती अंग लगाती है'। देखिए मानो नदी का दृश्य है, कपड़ा भी लहर लेता है। पाट नदी का भी होता है और पाट कपड़े का भी होता है। ग़ोते खानेवाले का अंग छाती से लगता ही है और यहाँ सूई सिर के बल डूबकर छाती की तरफ़ खिंचती है...। इसी पृष्ठ पर 'पहेली कुआँ' देखिए: 'इश्क़ भरा है देख ले और जगत से सोता दूर'। इसमें 'जगत' और 'सोता' सामान्य अर्थ में भी हैं यानी जगत संसार के अर्थ में और 'सोता' सोना धातु का वर्तमान कालिक रूप। लेकिन कुएँ के संबंध में 'देखें तो 'सोता' पानी का सोता है और जगत कुएँ की मेंड़ है इसी तरह 'पहेली ईंट' में 'पी के चरनों आत है और कर मुट्ठी के बीच, (पृ. 122 अ) में 'मुट्ठी में करना' का अर्थ 'लेना' भी है और 'कर' हाथ का अर्थ भी देता है और फिर देखिए हाथ, मुट्ठी, और चरण में क्या संबंध है। इसी तरह 'पहेली झावाँ' (123 अ) न केवल पुरुष के संबंध से 'रू' (जैसे चेचक रू) 'पग', 'चरण' और 'पाया' बल्कि 'मलमल' का कपड़ा भी है और झावाँ मलमलकर स्नान करते हैं। 'पहेली कपास' (पृ. 123 अ) में 'फूल तो वा का ओखद सहाय' में ओखद=ओषधि, जड़ी-बूटी, और 'ऊजड़ी खेती जावे नास' में ऊजड़ी या (उजड़ी) में भी 'जड़ी' निहित है। इसी तरह 'जब देखो जब पास का पास' में शब्द 'कपास' छिपा हुआ है। दो-चार पहेलियों में कवि ने श्लेष द्वारा जो चमत्कार उत्पन्न किया है उसे बिना किसी व्याख्या के और देख लीजिए ताकि यह अनुमान हो कि खेल-खेल में कवि ने कला पक्ष के प्रति अपने दायित्व का निर्वाह किस प्रकार किया है। 'पहेली खाता-ओ-बही' (पृ. 123 ब) 'रैन दिना चातुर ग़म खाता' में 'बूझ' शब्द 'खाता' में मौजूद है जो द्वि-अर्थक है। 'पहेली चक़माक़-ओ-पथरी' (पृ. 124 अ) 'नारी से नारी मिले और जनम भी लेवे नारी, उसके संग की टूटते देखी उसको देखा सारी' नारी और सारी (साड़ी) में ध्वनि-साम्य है। उसी प्रकार नारी (स्त्री) और नारी, नार (अग्नि) का विशेषण भी है। संग के भी दो अर्थ होते हैं 'साथ' और 'पत्थर'। इस प्रकार के अंतराभाषा श्लेष का चमत्कार वही पैदा कर सकता है जिसका कई भाषाओं पर अधिकार हो। इन संबंधों के अलावा भी नारी से नारी मिलने के टकराव में संग-सारी को ज़रा मिलाकर पढ़िए संगसार, संगसारी। 'पथरी' नारी है दोनों दृष्टियों से अर्थात् स्त्रीलिंग और आगवाली। सारांश यह कि उसे चक़माक़ से संगसार (पत्थर मारना)

करने से चिनगारियाँ निकलती हैं और संगसार करने अर्थात् दंडित करने का यौन-औचित्य भी विद्यमान है। अर्थात् 'नारी से नारी मिले और जनम भी लेवे नारी'। यह तो विदित ही है कि सभी पहेलियों में 'बूझ' यदि पुल्लिंग है तो पुरुख शब्द का प्रयोग भी किया गया है और 'बूझ' स्त्रीलिंग है तो उसे नारी कहा गया है। इस पहेली में चक़माक़, पथरी, आग तीनों को नारी बाँधा है, इसलिए कि ये स्त्रीलिंग हैं। 'पहेली सोजन' (पृ. 124 ब) में सोजन (नारी) स्त्रीलिंग होने के कारण कहा है 'सीना वा का सबको भाए' इसमें 'सीना' में श्लेष है 'सीना' (सिलाई) से हठात् ध्यान सूई की ओर जाएगा जिसका अर्थ यह हुआ कि अपने अर्थ सौन्दर्य के साथ बूझ मौजूद है। इसी तरह 'पहेली बंसी-ओ-माही' (पृ. 125 अ) भी ध्यान देने योग्य है, "भोजन था सो जल गया और या में मीन न मेख, छेड़छाड़ जाती रही सो काँटा खटकत देख"। 'मीन-मेख़ निकालना' सामने का मुहावरा है और मीन का अर्थ मछली और मेख (मेख; कील) एक तो बूझ आ गई, उस पर छेड़छाड़, काँटा खटकना और भोजन का जल जाना (जल गया) यानी आग लग जाना या जल में गया यानी (काँटे के साथ) भोजन का जल (पानी) में जाना लुत्फ़ की स्थिति उत्पन्न करता है। 'पहेली सान' (पृ. 125 अ) 'उसकी उसमें बूझ आसान' में 'सान' मौजूद है। इसी तरह 'पहेली नब्ज़' (पृ. 127 अ) भी बहुत सुंदर है 'कोई चातर बूझ के देखे, कर सों नारी चलते देखे'। नब्ज़ स्त्रीलिंग है, सो नारी है। लेकिन इस लेखन-शैली में नारी नाड़ी भी है यानी नब्ज़ और फिर देखें 'कर सों नारी चलते देखे' कर का अर्थ है हाथ, नब्ज़ को हाथ से चलते देखते हैं। 'पहेली अस्प' (पृ. 127 अ) में 'लोगन के कोसे न मरे, सब लोग कहें यह 'मरकब जाय' में मरकब का अर्थ है घोड़ा (अरबी) और मरकब हिन्दी में जो नाता है और आर्थी चमत्कार का जो पहलू पैदा किया है उसे कोई सामान्य कवि पैदा नहीं कर सकता। इन पहेलियों में और बहुत सी ऐसी बारीकियाँ होंगी जिनकी मैं अनदेखी कर गया हूँगा, लेकिन दूसरों की दृष्टि उस पर जाएगी। उपर्युक्त उदाहरण केवल आरम्भ के सात पन्नों अर्थात् पन्ना सं. 127 अ तक के थे उसके बाद जहाँ-जहाँ आवश्यक था हाशिए में संकेत कर दिया है। इससे केवल यह स्पष्ट करना अभीष्ट है कि इन पहेलियों में कुशलता, दक्षता और बहुसर्जकता का प्रमाण पद-पद पर मिलता है अर्थात् यह किसी साधारण कवि की रचनाएँ नहीं हैं। लेकिन असाधारण कवि केवल ख़ुसरो भी नहीं थे। फिर भी जिस प्रकार भाषा और रचना-संबंधी अशुद्धियों और दोषों के आधार पर महमूद शीरानी ने 'ख़ालिक-बारी' को खुसरो की कृति मानने से इंकार कर दिया था, प्रस्तुत पहेलियों में इस प्रकार के दोष न केवल नगण्य हैं बल्कि असंख्य पहेलियों में काव्यात्मक सौंदर्य तथा आर्थी-चमत्कार के ऐसे-ऐसे उदाहरण मिल जाते हैं कि पाठक सोच-विचार करने पर विवश हो जाता है।

अन्य वाद-विवाद

"ज़िहाल-ए-मिस्कीं मकुन तग़ाफ़ुल" वाली ग़ज़ल का प्रथम भूमिका में विवेचन किया जा चुका है कि उसके मत्ले (ग़ज़ल का प्रथम शेर) का प्राचीनतम पाठ 'मख़्ज़न-ए-निकात' की उस प्रति का है जो इंडिया आफ़िस में सुरक्षित है और जिसका डॉ. इक्तदा हसन ने संपादन करके लाहौर से प्रकाशित किया है। शिंप्रगर ने अपने 1852 ई. वाले लेख में लिखा है कि 'क़ायम' ने जिस ग़ज़ल का केवल मत्ला अंकित किया है मैं उसका पूरा पाठ दे रहा हूँ। यदि शिंप्रगर का हस्तलिखित स्रोत 'मज्मूआ-ए-नग़्ज़' (1806 ई.) से पहले का लिखा हुआ था तो इस ग़ज़ल का प्राचीनतम पाठ वही ठहरेगा जो शिंप्रगर के लेख में मिलता है। यद्यपि सफ़दर 'आह' ने लिखा है कि बू अलीशाह कलंदर के 1134 हि./1721 ई. लिखित दीवान पर इस ग़ज़ल का पहला, दूसरा और पाँचवाँ शेर दर्ज है लेकिन क्या पता इन शेरों को बू अलीशाह क़लंदर के दीवान में कब दर्ज किया गया और स्वयं सफ़दर 'आह' ने वह पाठ दर्ज नहीं किया और शिंप्रगर के पाठ को वरीयता प्रदान की है। डॉ. ज्ञानचंद जैन ने भी अपने लेख में इस ग़ज़ल के पाठ पर विस्तार से चर्चा की है। क़ाज़ी अब्दुल वदूद ने इस ग़ज़ल की प्रामाणिकता के संबंध में लिखा है: "सनअत-ए-मुलम्मा वाली ग़ज़ल मेरे ख़याल में शीरानी ने साबित कर दिया है कि उनकी नहीं।"[1] यहाँ क़ाज़ी साहब को ग़लतफ़हमी हुई है। 'पंजाब में उर्दू' में महमूद शीरानी ने ऐसी कोई बात नहीं लिखी जिससे इस ग़ज़ल की अप्रामाणिकता का पहलू निकलता हो।[2] डॉ. ज्ञानचंद जैन भी इस बात को मानते हैं कि महमूद शीरानी ने 'पंजाब में उर्दू' में इस ग़ज़ल को अमीर ख़ुसरो ही से संबद्ध किया।[3] कई मिसरों पर चर्चा करने के बाद वह लिखते हैं, "मुमकिन है...असल में जीर्ण-शीर्ण रहे हों और बाद के आलोचकों ने उन्हें सुथरा बना दिया हो। दुविधा के साथ हम इस ग़ज़ल को .खुसरो के नाम से संबद्ध कर सकते हैं।...बहरहाल अगर यह ग़ज़ल .खुसरो की है (और इसकी प्रबल संभावना है क्योंकि इसका रंग ख़ुसरो के रेख़्तों जैसा है) तो यह प्राचीन खड़ी बोली का बहुत अच्छा प्राचीनतम नमूना है।"[4] मुम्ताज़ हुसैन ने भी अपनी राय इस ग़ज़ल के पक्ष में दी है। रेख़्ता-ख़ुसरो कि 'हम-गीत-ओ-हम ग़ज़ल' है। यह ख़ुसरो की ईजाद है। उनसे पहले किसी ने भी रेख़्ता नहीं कहा है।"[5] अलबत्ता मुम्ताज़ हुसैन ने इसका पाठ 'पंजाब में उर्दू' से नक़ल किया है। यह स्पष्ट किया जा चुका है कि अब तक की परंपरा को देखते हुए इसके शिंप्रगर द्वारा प्रस्तुत पाठ को वरीयता दी जा सकती है जिसे

1. क़ाज़ी अब्दुल वदूद : "आज़ाद बहैसियत मुहक्क़िक़", नवा-ए-अदब, बंबई, अक्तूबर 1956, पृ. 20; 2. 'पंजाब में उर्दू', पृ. 156; 3. डॉ. ज्ञानचंद जैन, पृ. 207; 4. डॉ. ज्ञानचंद जैन, पृ. 207; 5. मुम्ताज़ हुसैन : 'अमीर ख़ुसरो देहलवी', नई दिल्ली, 1982, पृ. 369;

द्वितीय भूमिका में उनके 1852 ई. वाले लेख के संबंध में देखा जा सकता है।

रुबाइयात-ए-पेशावराँ

प्रथम भूमिका में अमीर ख़ुसरो की 'रुबाइयात-ए-पेशावराँ' से भी प्रमाण दिया गया था यानी उन फ़ारसी रुबाइयों से जिनमें हिन्दी के टुकड़े जैसे 'दुर-दुर मूए', 'दही लेहो दही', 'नाही नाही', 'मोरे बापा' या 'नाई नाई' आदि आ जाते हैं। डॉ. ज्ञानचंद जैन ने ऐसी तीन रुबाइयों का उल्लेख किया है। ('तेली पिसरे', 'गुजरी' और 'ज़न-ए-हिन्दूए') और इन तीनों की खुसरो के फ़ारसी काव्य में गणना करते हुए कहा है, "इनके इस्तिनाद (प्रामाणिकता) में कोई शक नहीं।[1] शायद उन्होंने ये रुबाइयाँ महमूद शीरानी के हवाले से उद्धृत की हैं क्योंकि उनमें 'गुजरी' और 'ज़न-ए-हिन्दूए' वाली रुबाई केवल 'पंजाब में उर्दू' में उपलब्ध है। अलबत्ता 'तेली पिसरे' वाली रुबाई 'जवाहर-ए-ख़ुसरवी' में भी मौजूद है।[2] महमूद शीरानी ने उन्हें 'अज़ क़िस्म-ए-शहरआशोब' (कविता की एक विधा में से) कहा है।[3] इन तीन के अलावा दो अन्य रुबाइयाँ प्रथम भूमिका में उल्लिखित हैं। 'जवाहर-ए-ख़ुसरवी' में इसी तरह के काव्य को 'मसनवी शहरआशोब' कहा गया है। मौलाना मुहम्मद अमीन अब्बासी चिरैया कोटी लिखते हैं,[4] 'इसी मसनवी का नाम शहरआशोब है। इसी नाम से तारीख़ों में इसका ज़िक्र है। संस्कृत और हिंदी भाषा में इसी क़िस्म की नज़्म मेरी नज़र से गुज़री है। 'विपत्ति वाक्य विलास' गोपाल कवि ने इसी तर्ज़ पर नज़्म किया है जिसमें तमाम पेशावरों के नाम नज़्म में बयान किए गए हैं। ग़ालिबन (कदाचित) इसी तर्ज़ को हज़रत अमीर ख़ुसरो ने फ़ारसी ज़बान में लाकर एक जिद्दत (नवीनता) और फ़ारसी लिटरेचर में नया इज़ाफ़ा (वृद्धि) किया है। लेकिन अजीब बात यह है कि इसको मसनवी क्यों कहते हैं। ये तो चंद रुबाइयाँ हैं जो मुख़्तलिफ़ (भिन्न) बहूर (छंद) में हैं।" इसमें महमूद शीरानी ने कुछ और जोड़ दिया है, 'इस मामला-ए-ख़ास में अमीर ख़ुसरो संस्कृत-ओ-भाषा (ब्रज) के मरहून-ए-मिन्नत (आभारी) मालूम नहीं होते क्योंकि ख़्वाजा मसूद सल्मान सबसे पेशतर फ़ारसी में इन नज़्मों को रिवाज देते हैं और 'मक्तआत-ए-शहर आशोब' के नाम से याद करते हैं।"[5] इस कथन से यह स्पष्ट हो जाता है कि महमूद शीरानी इन रुबाइयों की प्रामाणिकता पर संदेह नहीं करते। सैयद मसूद हसन रिज़वी ने इनके शहर आशोब होने की पुष्टि इन शब्दों में की है : 'शहर आशोब एक सिनूफ़-ए-नज़्म (काव्य विधा) का नाम है जो इब्तिदा (आरंभ) में ऐसे क़तओं या रुबाइयों का मज्मूआ (संग्रह)

---

1. डॉ. ज्ञानचंद जैन, पृ. 203-204; 2. जवाहर-ए-खुसरवी', रुबाइयात-ए-पेशवरां, पृ. 5; 3. 'पंजाब में उर्दू, पृ. 153; 4. 'जवाहर-ए-खुसरवी', सम्बन्धित रुबाइयों की भूमिका, 5. 'पंजाब में उर्दू, पृ. 155;

होती थी जिनमें मुख़्तलिफ़ तबक़ों (विभिन्न वर्गों) और पेशों से ताल्लुक रखने वाले लड़कों के हुस्न-ओ-जमाल (सुंदरता) और उनकी दिलकश अदाओं का बयान होता था।[1] इसके अलावा डॉ. वहीद मिर्ज़ा भी इन्हें अमीर ख़ुसरो की रचनाओं में शामिल करते हैं लेकिन मसूद हसन रिज़वी उनके प्रमाणों को स्वीकार नहीं करते और डॉ. ज्ञानचंद जैन भी सावधान रहते हुए उनसे सहमत हैं। तर्क केवल यह है कि फ़ारसी परंपरा के अनुसार केवल लड़कों को ही कविता का विषय बनाया जा सकता था। ख़ुसरो ने सुंदरियों के बारे में भी लिख दिया। बस ग़ज़ब हो गया और यही बात अप्रामाणिकता के लिए पर्याप्त है। इस नकारात्मक तर्क के बारे में क्या कहा जा सकता है यानी एक तो आपने अमीर ख़ुसरो के संपूर्ण चरित्र की ही उपेक्षा कर दी। दूसरे, एक ओर तो 'गुजरी' और 'ज़न-ए-हिन्दुए' वाली रुबाई को आप पहले प्रामाणिक ठहरा चुके हैं फिर अंत में उसी को अस्वीकार कर देते हैं। आश्चर्य है कि यह तर्क देते हुए हमारे सम्मानित शोधकर्ता अमीर ख़ुसरो की भारतीयता और भारत की लोक परंपरा से उनका गहरा जुड़ाव और हिन्दुस्तानी संगीत से उनके कलात्मक संबंध को बिल्कुल नज़र अंदाज़ कर देते हैं। स्पष्ट है कि शोध-कार्य में जिस प्रकार विश्वास के लिए स्थान नहीं उसी प्रकार अनावश्यक पक्षपात भी सत्य की हत्या करता है और परंपरा की गर्दन पर बिना किसी उचित प्रमाण के अकारण ही छुरी फेर देता है। अस्तु, प्रथम भूमिका के पहले भाग में अमीर ख़ुसरो के फ़ारसी काव्य में हिन्दवी शब्दों, पदों या अंशों के संबंध में 'रुबाइयात-ए-पेशावराँ' से जो उदाहरण दिए गए हैं उन्हें अप्रामाणिक समझने का कोई उचित कारण नहीं है।

ख़ालिक़-बारी

प्रथम भूमिका में 'ख़ालिक़-बारी' के संबंध में लिखा गया था कि इस चर्चा को फ़िलहाल किसी दूसरे समय के लिए उठा रखा जाता है। इधर इस विषय में कुछ नए तथ्य इतने महत्त्वपूर्ण और रोचक सामने आए हैं और चूँकि उनका गहरा संबंध कुल मिलाकर अमीर ख़ुसरों के हिन्दवी काव्य की प्रामाणिकता तथा मौलिकता से भी है, इसलिए उनका संक्षेप में वर्णन कर देना आवश्यक है। इससे यह रोचक वास्तविकता भी सामने आएगी कि शोध में कोई चीज़ अंतिम नहीं होती। कोई शोधकर्ता चाहे वह कितना ही बड़ा क्यों न हो, यदि किसी प्रकार के अतिवाद या पक्षपात का शिकार हो जाता है तो समय उसे पकड़ता है और नए तथ्य सामने आते हैं जिनके आधार पर पुराने दावों या निर्णयों पर पुनर्विचार करना आवश्यक हो जाता है।

---

1. डॉ. ज्ञानचंद जैन के हवाले से।

इस सामान्य धारणा पर कि 'ख़ालिक़-बारी' अमीर ख़ुसरो की रचना है सबसे पहले महमूद शीरानी ने प्रहार किया है। उन्होंने 1928 ई. में 'पंजाब में उर्दू' में अनेक तर्क देकर यह सिद्ध करने की चेष्टा की थी कि 'ख़ालिक़-बारी' भाषायी त्रुटियों और आंतरिक साक्ष्यों के कारण अमीर ख़ुसरो की रचना नहीं हो सकती।[1] बाद में बाबा-ए-उर्दू मौलवी अब्दुल हक़ से उन्हें 'ख़ालिक़ बारी' की एक पांडुलिपि मिली जिसे बुनियाद बनाकर महमूद शीरानी ने 'ख़ालिक़ बारी' का खण्डन करते हुए पूरी पुस्तक ही लिख दी ('हिफ़्ज़ुललिसान' संपादक महमूद शीरानी, अंजुमन-ए-तरक्क़ि-ए-उर्दू, 1944 ई.)। उनका कहना है कि इस पुस्तक का मूल शीर्षक 'हिफ्ज़ुललिसान' है जिसे किसी ज़ियाउद्दीन ख़ुसरो ने लिखा था और रचना-काल 1030 हि. है। इससे पहले मौलाना मुहम्मद अमीन अब्बासी चिरैयाकोटी 'ख़ालिक़-बारी' का पाठ छह मुद्रित प्रतियों और एशियाटिक सोसाइटी कलकत्ता की हस्तलिखित प्रति की सहायता से संकलित करके 'जवाहर-ए-ख़ुसरवी' में 1918 ई. प्रकाशित कर चुके थे।[2]

डॉ. वहीद मिर्ज़ा ने अमीर ख़ुसरो पर अपना शोध प्रबंध लंदन विश्वविद्यालय में 1929 ई. में प्रस्तुत किया। उनकी अंग्रेजी पुस्तक पंजाब विश्वविद्यालय से 1935 ई. में प्रकाशित हुई और उर्दू पुस्तक हिन्दुस्तानी एकेडमी, इलाहाबाद से 1949 ई. में छपी। इस दौरान 1931 ई. में सैयद मसूद हसन रिज़वी ने अपने एक लेख[3] में एक ऐसे ही मिश्रित पाठ्यक्रम 'अल्लाह-ख़ुदाई' की खोज की सूचना दे चुके थे जिसके लेखक तजल्ली ने ख़ुसरो की आत्मा और निज़ामुद्दीन औलिया की रूह से सहायता माँगी है। 'अल्लाह ख़ुदाई' 1060 हि. कि रचना है। लगता है तजल्ली के विचार में 'ख़ालिक़-बारी' जिसका वह नमूना बनाना चाहता था अमीर ख़ुसरो की रचना है। इन सबकी समीक्षा करते हुए 1945 ई. में डॉ. वहीद मिर्ज़ा ने लिखा :

"मुआफ़िक़ और मुख़ालिफ़ दलीलों का बग़ौर मुताला करने के बाद इस नतीजे पर पहुँचा हूँ कि 'ख़ालिक़-बारी' या उसका ज़्यादातर हिस्सा अमीर ख़ुसरो की तसनीफ़ (रचना) ज़रूर है, यह दूसरी बात है कि इम्तिदाद-ए-ज़माना (समय बीतने से) से उसमें तसर्रुफ़ और तहरीफ़ (परिवर्तन और काट छाँट) होता रहा हो और बाज़ हिंदी अल्फ़ाज़ की शक्ल बदल गई हो। इसकी सबसे ज़्यादा माक़ूल (उचित) वजह एक तो यह है कि यह तसनीफ़ हमेशा अमीर ख़ुसरो की तरफ मंसूब रही है और ख़ुद मसनवी में कोई बात ऐसी नहीं है जो इस आम रिवायत को ग़लत समझने के लिए काफ़ी हो और दूसरे यह कि अमीर ख़ुसरो के ज़माने

1. 'पंजाब में उर्दू', पृ. 157 से 171; 2. 'जवाहर-ए-ख़ुसरवी' 'ख़ालिक़-बारी' भाग पृ. 12; 3. रिसाला 'हिन्दुस्तानी', इलाहाबाद, 1931 ई.

में इस क़िस्म के निसाब (पाठ्यक्रम) की वाक़ई (वस्तुतः) ज़रूरत थी और यही ज़रूरत इसकी तसनीफ़ की मुहर्रिक (प्रेरक) हुई।"[1]

इस सिलसिले की दूसरी कड़ी सफ़दर 'आह' का शोध है। उन्होंने 1960 ई. में रहस्योद्‌घाटन किया कि उन्हें 'ख़ालिक़-बारी' की दो दुर्लभ पांडुलिपियाँ मिली हैं (1) नजीब अशरफ़ की पांडुलिपि और (2) उर्दू रिसर्च इन्स्टिट्यूट बंबई की प्रति 1261 हि. की लिखी हुई। उनको आधार बनाकर सफ़दर 'आह' ने 'ख़ालिक़-बारी' के अमीर ख़ुसरो की रचना होने की बहस नए सिरे से उठाई और 1960 ई. में उर्दू रिसर्च इन्स्टीट्यूट, बंबई में 'ख़ालिक़-बारी' पर एक विशेष लेख पढ़ा जिसमें महमूद शीरानी के खंडनमूल दृष्टिकोण का सविस्तार खंडन किया।[2] तत्पश्चात् उनका संपूर्ण लेख 'अमीर ख़ुसरों वहैसियत हिन्दी शाइर' 1962 ई. 'नवा-ए-अदब' नामक पत्रिका में बंबई में दो क़िस्तों में प्रकाशित हुआ। उनका कथन है कि नजीब अशरफ़ नदवी की प्रति और उर्दू रिसर्च इन्स्टीट्यूट बंबई की प्रति के अनुसार अमीर ख़ुसरों की मृत्यु के ग्यारह वर्ष बाद 736 हि. में 'ख़ालिक़-बारी' की कोई प्रति लिखी गई थी। लेखन-निर्देश की पद्यबद्ध तिथि से पता चलता है कि उपर्युक्त दोनों प्रतियाँ उसी 736 हि. वाली प्रति की प्रतिलिपियाँ हैं। इन दोनों प्रतियों का समान क़त्आ-ए-तारीख़ उनके मूल स्रोत के महत्त्व का प्रबल प्रमाण है। सफ़दर 'आह' का कथन है कि जब चार वर्ष तक प्रतीक्षा करने के बाद उनके सिद्धांत के विरोध में किसी ने कुछ नहीं लिखा तो उन्होंने पुनरावलोकन करके अपने लेख को पुस्तककार प्रकाशित करा दिया।[3]

'ख़ालिक़-बारी' से संबंद्ध शोध की तीसरी कड़ी मुम्ताज़ हुसैन के तर्क हैं जो उन्होंने महमूद शीरानी के 'हिफ्ज़ुललिसान' का खंडन करते हुए प्रस्तुत किए हैं और वे ख़ासे वज़नी हैं। उनकी पुस्तक 'अमीर ख़ुसरो देहलवी' 1976 ई. में कराची से प्रकाशित हुई। उनके कथनानुसार महमूद शीरानी के सामने 'हिफ़्ज़ुललिसान' की दो प्रतियाँ थीं : एक प्रति इंडिया आफिस लायब्रेरी की सं. 225, और दूसरी अंजुमन-ए-तरक़्क़ी-ए-उर्दू की (जो उन्हें मौलवी अब्दुल हक़ ने दी थी।) इंडिया आफ़िस की हस्तलिखित प्रति में न तो कोई 'लेखन-निर्देश' ही है और न कोई उपक्रम या प्रस्तावना, और न उसमें कहीं भी कोई शब्द 'हिफ्ज़ुललिसान' का आया है। इसलिए इसे स्वयं हाफ़िज़ महमूद शीरानी ने स्वीकार किया है कि इसका पता मुझे अंजुमन-ए-तरक़्क़ी-ए उर्दू की प्रति से चला कि 'हिफ़्ज़ुल्लिसान' का लेखक एक व्यक्ति ज़ियाउद्दीन ख़ुसरो है...।

---

1. डॉ. वहीद मिर्ज़ा, पृ. 326; 2. सफ़दर 'आह', पृ. 7; 3. सफ़दर 'आह, 'अमीर ख़ुसरो बहैसियत हिन्दी शाइर' बंबई, 1966

जब इंडिया आफ़िस की पांडुलिपि सं. 225 का यह हाल है (यानी न तो इसमें पुस्तक का नाम है, न लेखक का नाम है) तो फिर इसके संपादन का क्या उद्देश्य हो सकता था।[1] मुम्ताज़ हुसैन ने महमूद शीरानी पर आरोप लगाया है कि उन्होंने इंडिया आफ़िस वाला पाठ जिस पर न लेखक का नाम है, न पुस्तक का नाम 'हिफ़्ज़ुल्लिसान' के नाम से छाप दिया यानी पुस्तक का नाम और लेखक का नाम ज़ियाउद्दीन खुसरो तो अंजुमन-ए-तरक्क़ी-ए-उर्दू की प्रति से लिया और पाठ इंडिया आफ़िस की प्रति का प्रकाशित किया।[2] उनका कहना है कि महमूद शीरानी को इंडिया आफ़िस की प्रति के पाठ पर 'हिफ़्ज़ुल्लिसान' लेखक ज़ियाउद्दीन ख़ुसरो छापने का कोई अधिकार नहीं था। शेरों का मिलान करके मुम्ताज़ हुसैन ने साबित किया है कि दोनों प्रतियो का पाठ एक नहीं है। जब पाठ एक नहीं है तो लेखक एक कैसे हो सकता है ? ये दोनों अलग-अलग कृतियाँ हैं। लेकिन चूँकि ''महमूद शीरानी का मक़सद दोनों (प्रतियों) को पैबंद करने (मिला देने) ही से पैदा होता था''[3] वह यह कर गुज़रे। इंडिया आफ़िस वाली प्रति में यह शेर नहीं है :

ख़ालिक़ बारी भई तमाम
दो हूँ जग रह्या ख़ुसरो नाम

इस शेर के मौजूद न होने का यह मतलब हरगिज़ नहीं है कि वह प्रति 'हिफ़्ज़ुल्लिसान' है। मुम्ताज़ हुसैन का मत है, ''हिफ़्ज़ुल्लिसान इसी क़िस्म की एक किताब है जैसी कि 'मत्बूअः-उल-सबियान' है...। ख़ालिक़-बारी में कुछ अशआर का इज़ाफ़ा (वृद्धि) अपनी तरफ से करके उसका नाम 'हिफ़्ज़ुल्लिसान' मुसन्निफ़ (लेखक) ने रख दिया।''[4] इस तरह की प्रतियों के बहुत से उदाहरण मिलते हैं जहाँ बाद के कवियों ने बुनियादी शेर 'ख़ालिक़-बारी' के लिए, कुछ अपनी ओर से जोड़ दिए और नई कविता बना डाली। मुम्ताज़ हुसैन ने नदवी प्रति का भी उल्लेख किया है कि महमूद शीरानी को नजीब अशरफ़ नदवी ने अपनी प्रति की सूचना दी थी कि यह उस प्रति की प्रतिलिपि है जो अमीर ख़ुसरो की मृत्यु के ग्यारह वर्ष बाद 736 हि. में पूरी हुई। उसके पद्यबद्ध उपसंहार के इस शेर :

चुबगिरिफ्त ईं नुस्ख़ा तर्ज़-ए-नवी
ज़ि तसनीफ़-ए-आँ .ख़ुसरवे पहलवी

की समीक्षा करते हुए लिखते हैं : ''अंदेशे का इज़हार करना कोई जुर्म नहीं

1. मुम्ताज़ हुसैनः अमीर ख़ुसरो देहलवी, नई दिल्ली, 1982, पृ. 360-361 2. वहीं पृ. 362; 3. मुम्ताज हुसैन, पृ. 362; 4. वही, पृ. 363

है। मुमकिन है...'देहलवी' किताबत की भूल से 'पहलवी' हो गया हो।"[1] यह अंदेशा सही साबित हुआ। मुम्ताज़ हुसैन ने सफ़दर 'आह' का लेख या पुस्तक नहीं देखी जो उनकी पुस्तक से बीस वर्ष पहले प्रकाशित हो चुकी थी वरना उन्हें मालूम हो चुका होता कि नदवी-प्रति के पाठ की पुष्टि उर्दू रिसर्च इन्स्टीट्यूट, बंबई की प्रति से हो चुकी है और अन्तिम शेर का 'ख़ुसरो पहलवी' भी दरअसल 'ख़ुसरो देहलवी' ही है।[2]

डॉ. ज्ञानचंद जैन भी अपनी दुविधा के बावजूद स्वीकार करते हैं "अगर 'ख़ालिक़-बारी' का कोई नुस्ख़ा वाक़ई 736 हि. में लिखा गया तो उसके तमाम अग़लात ओ-अस्क़ाम (त्रुटियाँ और दोष) के बावजूद रिसाला अमीर ख़ुसरो की तसनीफ़ (रचना) क़रार पाएगा।"[3]

'ख़ालिक़-बारी' के बारे में सफ़दर 'आह' के सिद्धांत का समर्थन और महमूद शीरानी के सिद्धांत के खंडन में इस तथ्य की भी उपेक्षा नहीं की जा सकती कि ख़ान-ए-आरज़ू (मृत्यु 1169 हि.) ने अपनी कृति 'ग़राइब-उल-लुग़ात-ए-हिन्दी' में कुछ शब्दों के संबंध में अमीर ख़ुसरो को प्रमाण माना है। उन्होंने 'रिसाला-ए-मन्ज़ूमः-ए-ख़ुसरो' कहा, 'ख़ालिक़-बारी' का नाम नहीं लिया। यह नाम तो शायद पहले मिसरे 'ख़ालिक़-बारी सिरजनहार' के पहले शब्दों के अर्थसाम्य के कारण पड़ा होगा। ख़ान-ए-आरज़ू का इसे अमीर ख़ुसरो से जोड़ना साधारण प्रमाण नहीं है। मुम्ताज़ हुसैन के इस सवाल में भी वज़न है कि... सिराजुद्दीन अली ख़ाँ 'आरज़ू' ख़ुद ग्वालियारी थे और ज़िया उद्दीन ख़ुसरो को भी ग्वालियारी बताया गया है। अगर 'ख़ालिक़-बारी' वास्तव में किसी ज़ियाउद्दीन ख़ुसरों ग्वालियारी की 1031 हि. की लिखी हुई रचना होती तो ख़ान-ए-आरज़ू जिनका देहांत 1169 हि. में हुआ अपने काल के आसपास की इस रचना से निश्चय ही परिचित होते और 'रिसाला-ए-मन्ज़ूमः-ए-ख़ुसरो कदापि न लिखते।"[4]

दरअसल 'ख़ालिक़-बारी' की लोकप्रियता के कारण उसी के अनुसरण में नज़्में बराबर लिखी जाती रहीं। इस प्रकार का सबसे प्रचीन क़सीदा 'लुग़त-ए-हिन्दी' 950 हि. है जिसे एक ईरानी हकीम यूसुफ़ हराती ने लिखा था।[5] इस प्रकार की दूसरी प्राचीन पुस्तक अजयचंद कायस्थ की 'मिस्ल-ए-ख़ालिक़-वारी' है जो 960 हि. में सलीमशाह सूरी के काल में लिखी गई।[6] तीसरी पुस्तक 'मक़बूल-ए-सबियान' है जो 990 हि. में लिखी गई (जो ब्रिटिश म्यूज़ियम में सुरक्षित)[7] है। चौथी पुस्तक तजल्ली की 'अल्ला-ख़ुदाई' है (रचना वर्ष 1060

---

1. वही, पृ. 366; 2. सफ़दर 'आह', पृ. 83; 3. डॉ. ज्ञानचंद जैन, पृ. 220; 4. मुम्ताज हुसैन, पृ. 367; 5. सफ़दर 'आह' के हवाले से, पृ. 75; 6. 'क़दीम उर्दू' ले. मौलवी अब्दुल हक़, पृ. 198 (संदर्भ : ज्ञानचंद जैन, पृ. 220); 7. सफ़दर 'आह', पृ. 75

हि.) जिसका कवि अपनी कविता रचते हुए ख़ुसरो की आत्मा और हज़रत निज़ामुद्दीन औलिया दोनों से सहायता की विनती करता है।[1] यानी 'ख़ालिक़-बारी' को अमीर ख़ुसरो की रचना समझता है। इसके बाद इस ढंग की नज़्मों की एक दीर्घ परंपरा मिलती है और इतनी प्रतियाँ उपलब्ध हैं कि उनकी गणना भी सरल नहीं।

उपर्युक्त चर्चा और अब तक की जानकारी से यह बात स्पष्ट है कि 'हिफ़्ज़ुल्लिसान' और 'रिसाला-ए-मन्ज़ूमः-ए-अमीर ख़ुसरो' जो परंपरागत रूप से 'ख़ालिक़ बारी' के नाम से प्रसिद्ध है, दो अलग-अलग पुस्तकें हैं। महमूद शीरानी को इंडिया आफ़िस की प्रति के पाठ पर ज़ियाउद्दीन ख़ुसरो लिखित 'हिफ़्ज़ुल्लिसान' का शीर्षक देने का अधिकार नहीं था। साथ ही नदवी-प्रति और उर्दू रिसर्च इन्स्टीट्यूट, बंबई की खोज इन दोनों के ख़ुसरो की मृत्यु के ग्यारह वर्ष बाद 736 हि. में लिखी गई किसी प्रति की प्रतिलिपि होना और उनके पद्यबद्ध परिशिष्ट का हूबहू एक होना जिसमें उसे 'ज़ि तसनीफ़-ए-आँ .खुसरव-ए- देहलवी' क़रार दिया है ऐसा सशक्त प्रमाण है जिसकी 'ख़ालिक़-बारी' के अमीर ख़ुसरो की रचना होने के समर्थन में उपेक्षा नहीं की जा सकती। साथ ही यह कि 'अल्लाह .खुदाई' (1060 हि.) के लेखक तजल्ली का अपनी नज़्म में अमीर ख़ुसरो और निज़ामुद्दीन औलिया की आत्मा से सहायता माँगना और ख़ानन-ए- आरज़ू (मृत्यु 1169 हि.) का अपनी 'ग़राइब-उल-लुग़ात-ए-हिन्दी' में ख़ुसरो से प्रमाण की अपेक्षा करना इस बात की पुनः पुष्टि करते हैं। ये सारी बातें महमूद शीरानी के मत के विरुद्ध और सफ़दर 'आह' की स्थापना के पक्ष में जाती हैं यानी रिसाला 'ख़ालिक़-बारी' (वर्तमान पाठ की भाषिक तथा छंदशास्त्रीय त्रुटियों और दोषों के बावजूद जो समय के बीतने तथा परिवर्तन और उलट-फेर के कारण भी हो सकती हैं) किसी दूसरे की नहीं बल्कि अमीर ख़ुसरो ही की रचना ठहरती है।

'ख़ालिक़-बारी' की बहस तो समाप्त हुई, अब अंत में 'अर्श' मल्सियानी[2] की यह राय भी पढ़ लीजिए जो दिलचस्पी से ख़ाली नहीं : ''नातिक़ (अंतिम) फ़ैसला तो कोई दे नहीं सकता, हाँ शुब्हा करना हर मुहक्क़ि (शोधकर्ता) का फ़र्ज़ है और शीरानी मरहूम तो इस फ़न (कला) में यक्ता (अद्वितीय) थे...असल में वे इतने बड़े मुहिक्क़क थे कि जो नई चीज़ मिल जाए उसे छोड़ते नहीं थे ख़्वाह बाद में यह कहना पड़े कि यह मुसद्दिक़ा (सत्यापित) नहीं। वारिस शाह की एक ग़ज़ल भी इस किताब (पंजाब में उर्दू) में शाए की है और वह 'पैसा'

---

1. सफ़दर 'आह', पृ. 76; 2. अर्श मल्सियानी : 'अमीर ख़ुसरो : अहद, फ़न और शख़्सियत', दिल्ली, 1974 ई.

अख़बार के मुदीर (संपादक) मौलवी महबूब आलम साहब की बयाज़ से नक्ल की है लेकिन कोई सबूत पेश नहीं किया है कि जाली है या असली...दिखाना यह मक्सूद है कि शीरानी साहब के मरतबे का एहतराम (आदर) करते हुए भी यह कहना पड़ेगा कि उन्होंने जो कुछ लिखा है उसे जाँचने और परखने का सबको हक़ पहुँचता है। महज़ उनके नाम से मरऊब (प्रभावित) होना दुरुस्त नहीं है।"[1] आगे चलकर 'अर्श' मल्सियानी बहस करते हैं और सही बहस करते हैं कि मसूद हुसैन ख़ाँ ने 'पृथ्वीराज रासो' के साथ 'विजयपाल रासो', 'हमीर देव रासो', 'कीर्तिलता', 'कीर्ति पताका' और बौद्ध सिद्धों और गोरखपंथी जोगियों के 633 हि. तक के नमूनों से साबित किया है कि हिन्दवी के स्पष्ट रूप मिलने लगे थे।[2] 'पृथ्वीराज रासो' ढाई हज़ार पृष्ठों का ग्रंथ है जिसकी विस्तृत और सटीक प्रति जयपुर विश्वविद्यालय के डॉ. माता-प्रसाद गुप्त ने बीसियों पांडुलिपियों की सहायता से 1963 ई. में तैयार की है और शीरानी साहब की बहुत-सी गुत्थियों को सुलझाया है। वीर गाथाओं में कहानी का आंशिक रूप से ऐतिहासिक और काल्पनिक होना कोई असंभव बात नहीं।'[3] अर्श मल्सियानी यह भी प्रश्न उठाते हैं कि शीरानी साहब शैख़ फ़रीदुद्दीन गंजशकर (मृत्यु 664 हि./1265 ई.) की नज़्म :

वक्त ए-सहर वक्त-ए-मुनाजात है
ख़ेज़ दर आँ वक्त कि बरकात है

पर आपत्ति नहीं करते। इसी प्रकार नामदेव ख़ुसरो की मृत्यु के तीन वर्ष बाद पैदा हुए थे, उनकी भाषा भी साफ़-सुथरी है :

माई न होती, बाप न होते, करम न होता काया
हम नहीं होते, तुम नहीं होते, कौन कहाँ से आया

यदि उनकी भाषा की प्रामाणिकता पर कोई आपत्ति नहीं तो "ख़ुसरो बेचारे ने क्या क़ुसूर किया है...हासिल-ए-मतलब यह कि ख़ुसरो के...हिंदी कलाम को यकक़लम (एकदम) ठुकरा देने के वुजूह (कारण) पायदार नहीं। ख़सुरो का कोई क़दीम मख़्तूता (प्राचीन पांडुलिपि) नहीं है तो इस तरह तो बहुत से... ग्रंथ क़दीम ज़माने से सीना-ब-सीना चले आए हैं और उनके मख़्तूते बहुत बाद में बने। उस (ख़ुसरो) ने ख़ुद कह दिया है कि मैंने हिन्दी (हिन्दवी) नज़्म कही तो है लेकिन 'नज़्र-ए दोस्ताँ' कर दी। अब उसे दोस्त ऐसे मिल रहे हैं जो उस नज़्म को ख़ुसरो की मिल्कियत ही नहीं समझते...। नामदेव और शैख़ गंजशकर की शाइरी से इन्कार क्यों नहीं करते ?"[4]

---

1. अर्श मलस्यिानी : 'अमीर खुसरो : अहद, फ़न और शख़्सियत' दिल्ली, 1974 ई., पृ. 129; 2. डॉ. मसूद हुसैन ख़ाँ : 'मुक़द्दमा-ए-तारीख-ए-ज़वान-ए-उर्दू' नवीन संस्करण, अलीगढ़, 1987, पृ. 71-72-73; 3. अर्श मल्सियानी, पृ. 132; 4. वही, पृ. 134।

उपसंहार

इस बहस से निम्नलिखित निष्कर्ष निकाले जा सकते हैं:

1. अमीर ख़ुसरो हिंदी के शाइर थे और उन्होंने हिंदवी में शेर कहे थे। इसके लिए 'गुर्रतुलकमाल' की भूमिका में अमीर ख़ुसरो के अपने कथन का प्रमाण पर्याप्त है और 'ईहाम' के उदाहरण के रूप में जो शेर दिया है उसका दूसरा मिसरा 'मारी मारी बिरह की मारी आरी' निस्संदेह हिन्दवी में है।

2. अमीर ख़ुसरो के फ़ारसी काव्य में, विशेष रूप से 'मसनवी तुग़लक़नामा' में जो हिंदवी के टुकड़े या शब्द आए हैं जैसे 'मार-मार'-औ-सरबसर 'मार' या 'है है तीर मारा' उनकी प्रामाणिकता के संबंध में कोई संदेह नहीं। साथ ही 'रुबाइयात-ए-शहरआशोब' या क़त्आत जिनका हवाला महमूद शीरानी ने भी दिया है और जिनकी डॉ. वहीद मिर्ज़ा भी पुष्टि करते हैं जैसे 'दुर दुर मूए', 'दही लेहो दही', 'नीस्त दर ईं तिल तेले' या 'निकातुश्शुअरा' का 'ज़रगर पिसरे' वाला क़त्आ (फिर न कुछ घड़ा न सँवारा) और 'रुबाइयात-ए-शहरआशोब' या 'पेशावराँ', में जो इसी प्रकार के अन्य हिंदवी टुकड़े आए हैं और जिन पर प्रथम भूमिका और द्वितीय भूमिका में बहस की गई है, हमारी राय है कि उनके प्रामाणिक न होने का भी कोई उचित कारण नहीं।

3. अमीर ख़ुसरो से जोड़े गए दोहों में से 'वजही' की 'सबरस' (1635 ई.) में मिलने वाले दोहे 'पंखा होकर मैं डुली साती तेरा चाव' को डॉ. मसूद हुसैन प्रामाणिक मानते हैं और डॉ. ज्ञानचंद जैन उनका समर्थन करते हैं। 'जवाहर-ए-ख़ुसरवी' में जो दो दोहे अमीर ख़ुसरो की रचना बताए गए हैं यानी 'ख़ुसरो रैन सुहाग की जागी पी के संग' और 'गोरी सोवे सेज पर और मुख पर डारे केस' इनको डॉ. वहीद मिर्ज़ा स्वीकार करते हैं। ''इन दोनों में कोई शहादत (साक्ष्य) ऐसी नज़र नहीं आती जो रिवायत-ए-आम की तक्ज़ीब (खंडन) करती हो'' (पृ. 327)। चौथा दोहा डॉ. ज्ञानचंद जैन ने लछमीनरायन 'शफ़ीक़' के 'चमनिस्तान-ए-शुअरा' से उद्धृत किया है : 'ख़ुसरो ऐसी पीत कर जैसे हिन्दू जोय' उनका कहना है कि ''इसे ख़ुसरो का मानना चाहिए। यह दोहा खड़ी बोली का अच्छा नमूना है।'' (पृ. 213) प्रथम भूमिका में इन चारों दोहों की प्रामाणिकता से बहस करके सिद्ध किया गया है कि अधिकतर शोधकर्त्ता इन्हें स्वीकार करते हैं और हमारे मतानुसार भी ये चारों दोहे बड़ी हद तक प्रामाणिक हैं।

4. 'ज़ि हाल-ए-मिस्कीं मकुन तग़ाफ़ुल दुराय नैनाँ बनाय बतियाँ' वाली ग़ज़ल का पहला परिचय श्प्रिंगर ने अपने 1852 ई. वाले लेखन में कराया। उसने स्पष्ट शब्दों में बता दिया कि अमीर ख़ुसरो की जिस ग़ज़ल का 'क़ायम'

ने मख़्ज़न-ए-निकात' में केवल एक शेर दिया है, वह पूरी ग़ज़ल दे रहा है और उसने पाँच शेर दर्ज किए। शिंप्रगर ने नहीं बताया कि उसने इस ग़ज़ल को कहाँ से नक़ल किया। अनुमान है कि अवध के नवाबों के पुस्तकालयों में कोई बयाज़ ऐसी होगी जिसमें ख़ुसरो की फुटकर रचनाएँ होंगी। उसी लेख में जो पहेलियाँ हैं उनका स्रोत तो उसने बता दिया कि तोपख़ाना-संग्रह की हस्तलिखित प्रति से उतारी हैं। 'ज़रगर पिसरे चु माहपारा' वाला क़त्आ 'निकातुश्शुअरा' में भी है। लेकिन इस रेख़्ता ग़ज़ल के सुराग़ के बारे में कुछ नहीं लिखा। महमूद शीरानी ने 'पंजाब में उर्दू' में इसे 'मज्मूआ-ए-नग़्ज़' (1806 ई.) से उतारा है। ज्ञानचंद जैन ने 'चमनिस्तान-ए-शुअरा' (1761 ई.) में दो शेरों की ओर संकेत किया है। प्रस्तुत पंक्तियों के लेखक ने प्रथम भूमिका में साबित किया है कि 'मख़्ज़न-ए-निकात' इंडिया आफ़िस (1754) में अंकित इस ग़ज़ल का मत्ला उसका सबसे पहले पाठ है। हर जगह पाठ में थोड़-थोड़ा अंतर है। 'मज्मूआ-ए-नग़्ज़' जिस पांडुलिपि से छापा गया है वह मुहम्मद हुसैन आज़ाद की ही संपत्ति थी। लेकिन उनका पाठ भी थोड़ा भिन्न है। चूँकि पूरे पाँच शेर सबसे पहले शिंप्रगर ने प्रकाशित किए, इसलिए यदि उनका स्रोत 'मज्मूआ-ए-नग़्ज़' से पहले का होगा तो इस ग़ज़ल का सबसे प्रामाणिक पाठ वही है जिसे शिंप्रगर ने प्रस्तुत किया है। शिंप्रगर ने 1852 वाले लेख में यह भी सूचना दी है कि इस ग़ज़ल का अनुवाद गार्सां द् तासी ने भी अपने साहित्य के इतिहास में दिया है। (खंड 1, पृ. 301)। हमारे विचार में अब तक प्रस्तुत किए गए पाठों में शिंप्रगर के लेख वाला पाठ अपेक्षया प्रामाणिक है।

5. शिंप्रगर-संग्रह की बर्लिन-प्रति का विवरण द्वितीय भूमिका में देखा जा सकता है। उसमें कोई लिखाई या इबारत ऐसी नहीं जिससे उसकी किताबत के वर्ष का पता चल सके। जिस जिल्द में यह प्रति शामिल है उसमें उसी लिखाई में तीन प्रतियाँ और भी हैं। उनमें तीसरी प्रति 'ज़टल्लियात-ए-जाफ़र ज़टल्ली' में लिखाई के संबंध में यह इबारत है 'तम्मत तमाम शुद दीवान-ए-जाफ़र ज़टल्ली दर शब-ए-यकशंबा इरक़ाम नमूदाशुद 1210 सन-ए-हिजरी' यानी 1795 ई.। लगता है ये चारों हस्तलिखित प्रतियाँ जो एक जिल्द (शिंप्रगर 1763) में शामिल हैं विभिन्न हस्तलिखित प्रतियों से किसी के अनुरोध पर लिखी गईं और यह भी संभव है कि 'पहेलीहा-ए-हिन्दी' भी 1795 ई. या उसके आसपास लिखा गया हो। शिंप्रगर के लेख और सूची के माध्यम से यह मालूम है कि अवध के नवाबों के पुस्तकालयों के तोपख़ाना-संग्रह में पहेलियों के दस-बारह रिसाले थे जिनमें कुल मिलाकर दो सौ पहेलियाँ थीं। इनमें से जिस हस्तलिखित प्रति का उल्लेख शिंप्रगर ने सूची में क्रम सं. 650 के अंतर्गत किया है वह वर्तमान बर्लिन-प्रति नहीं क्योंकि शिंप्रगर की सूची वाली तीनों पहेलियाँ उसमें

नहीं हैं। शम्सुल्लाह क़ादरी ने शिंप्रगर के 1854 ई. के लेख में से जो पहेलियाँ दर्ज की हैं उनमें से केवल दो बर्लिन-प्रति में उपलब्ध हैं यानी 1854 वाला लेख लिखते हुए कोई और प्रति भी शिंप्रगर के सामने थी। अलबत्ता 1852 ई. में एशियाटिक सोसाइटी बंगाल की पत्रिका में प्रकाशित लेख में शिंप्रगर ने जिन छह पहेलियों का हवाला दिया है वे छह की छह उसी पाठ के साथ बर्लिन-प्रति में मिलती हैं। शिंप्रगर ने उस लेख में साफ़ लिखा है कि वह उन पहेलियों को तोपख़ाना-संग्रह की हस्तलिखित प्रति से नक़ल कर रहा है। इसलिए यह बिल्कुल संभव है कि बर्लिन-प्रति ही तोपखाना-संग्रह वाली प्रति हो या उस प्रति की नक़ल हो। शिंप्रगर द्वारा इस प्रति को अपनी अन्य साहित्यिक निधि के साथ जर्मनी लाना ही उसके महत्त्व का प्रमाण है। उसमें अंदरूनी पृष्ठों में कुछ ऐसी पहेलियों पर सही का निशान बना हुआ है जिन्हें शिंप्रगर ने 1852 ई. वाले लेख में उद्धृत किया है, बल्कि कुछ शब्दों के समानार्थी अंग्रेज़ी में भी लिखे हुए मिलते हैं। मुखपृष्ठ पर प्रति का नाम केवल 'पहेलीहा-ए-हिंदी' अंदर की नस्ख़ लिखाई से बिल्कुल अलग है और शायद किसी ने बाद में लिखा है। आड़ी पंक्तियों में तीन पहेलियाँ नस्तालीक़ में दर्ज हैं जिनके ऊपर लिखा है 'लुग़ज़-दर-शम्अ अमीर ख़ुसरो'। बर्लिन-प्रति की किसी पहेली में अमीर ख़ुसरो का नाम नहीं है लेकिन यह ज़रूरी नहीं क्योंकि फ़ारसी की भी बहुत-सी पहेलियाँ ऐसी हैं जिनमें तख़ल्लुस (उपनाम) नहीं और अनेक प्रचलित पहेलियाँ ऐसी हैं जिनमें अमीर ख़ुसरो का नाम है लेकिन हमें मालूम है कि वे प्रक्षिप्त हैं और बाद की हैं। इनमें भी कुछ पहेलियाँ स्पष्ट रूप से क्षेपक हैं और किसी तरह अमीर ख़ुसरो की नहीं हो सकतीं। इन 150 पहेलियों में से केवल छह 'जवाहर-ए-ख़ुसरवी' में मिलती हैं, शेष 144 जहाँ तक मेरी जानकारी है अब तक किसी संग्रह में शामिल नहीं हुई। लोक परंपरा भी विचित्र होती है, हो सकता है इनमें से कुछ इधर-उधर कुछ बयाज़ों या संग्रहों में उद्धृत हुई हों। लेकिन 'जवाहर-ए-ख़ुसरवी' चूँकि परंपरा से ही अमीर ख़ुसरो से संबद्ध चली आ रही पहेलियों का सबसे विस्तृत संग्रह है हमने सिर्फ़ उसी से तुलना की और उसकी अपेक्षा बर्लिन-प्रति में 144 पहेलियाँ नई हैं। शिंप्रगर ने अपने 1852 ई. वाले लेख में इनमें से छह पहेलियों को उद्धृत करते हुए लिखा है कि यह संभावना है कि अमीर ख़ुसरो से संबद्ध इन पहेलियों में 'दस में नौ बाद की लिखी हुई हों।" शिंप्रगर की इस राय से सहमत न होने का कोई कारण दिखाई नहीं देता क्योंकि लोकप्रियता के कारण यह समस्त निधि पीढ़ी-दर-पीढ़ी अंतरित होती रही है और समय के बीतने के साथ-साथ इसमें वृद्धि होती रही होगी। केवल भाषा के आधार पर कोई निश्चित मत व्यक्त करना यों भी संभव नहीं, क्योंकि एक तो उस समय की 'हिंदवी' का प्रामाणिक अभिलेख सामने नहीं।

दूसरे उस युग की स्पष्ट भाषा के टुकड़े स्वयं अमीर ख़ुसरो के उस फ़ारसी काव्य में हमें मिल जाते हैं जिसकी प्रामाणिकता के बारे में सभी शोधकर्ता एकमत हैं। इसका यह मतलब है कि 'स्पष्ट' और अस्पष्ट' भाषा की बुनियाद भी अधिक विश्वस्त नहीं। इन परिस्थितियों में शिंप्रगर के मत से सहमति व्यक्त करते हुए यदि हम यह स्वीकार कर लें कि उनमें दस में नौ प्रक्षिप्त हैं तो भी यह संभव है कि दस में एक या कुल का दस प्रतिशत मौलिक है और जब तक यह ज्ञात नहीं कि दस प्रतिशत भाग कौन-सा है ऐसी निधि को सुरक्षित करना और उसका संकलन करना आवश्यक हो जाता है। यही बर्लिन-प्रति का महत्त्व है और यही उसके प्रकाशन का औचित्य भी।

6. सबसे जटिल समस्या 'ख़ालिक़-बारी' की है। 'खालिक़-बारी' परंपरागत रूप से अमीर ख़ुसरो से संबद्ध रही है। 'ख़ान-ए-आरज़ू (मृत्यु 1169 हि.) ने भी इसे अमीर ख़ुसरो की रचना माना है और 'ग़राइब-उल-लुग़ात-ए-हिन्दी' में उससे प्रमाण दिए हैं। अलबत्ता महमूद शीरानी उसे नहीं मानते और हिफ्ज़ुललिसान' (हस्तलिख्ति 1031 हि.) के आधार पर उसे किसी ज़ियाउद्दीन ख़ुसरों की कृति स्वीकार करते हैं। महमूद शीरानी की आपत्तियों (1928 ई.) के बाद डॉ. वहीद मिर्ज़ा का लंदन विश्वविद्यालय का शोधप्रबंध 1935 ई. में अंग्रेज़ी में और 1949 में उर्दू में प्रकाशित हुआ। वह कहते हैं..."मुआफ़िक़ और मुख़ालिफ़दलीलों का बग़ौर मुताला (अध्ययन) करने के बाद इस नतीजे पर पहुँचा हूँ कि 'ख़ालिक़-बारी' या उसका ज़्यादातर हिस्सा अमीर ख़ुसरो की तसनीफ़ (रचना) ज़रूर है, यह दूसरी बात है कि इम्तिदाद-ए-ज़माना (समय बीतने) से इसमें तसर्रुफ़-ओ-तहरीफ़ (परिवर्तन और उलट-फेर) होता रहा हो और बाज़ हिंदी अलफ़ाज की शक्ल बदल गई हो। इसकी सबसे ज़्यादा माक़ूल वजह एक तो यह है कि यह तसनीफ़ हमेशा ख़ुसरो से मंसूब रही है और ख़ुद मसनवी में कोई बात ऐसी नहीं है जो इस आम रिवायत को ग़लत समझने के लिए काफ़ी हो और दूसरे यह कि अमीर ख़ुसरो के ज़माने में इस तरह के निसाब (पाठ्यक्रम) की वाक़ई ज़रूरत थी और यही ज़रूरत उसकी तसनीफ़ की मुहर्रिक (प्रेरक) हुई।" (पृ. 336)। सैयद मसूद हसन रिज़्वी ने भी एक ऐसे ही मख़्लूत निसाब (मिश्रित पाठ्यक्रम) 'अल्लाह-ख़ुदाई' (1060 हि.) का परिचय कराया है जिसके लेखक तजल्ली ने ख़ुसरो की आत्मा से सहायता माँगी है और निज़ामुद्दीन औलिया का भी ज़िक्र किया है यानी उसके विचार में भी 'ख़ालिक़-बारी' जिसकी वह नक़ल कर रहा है अमीर ख़ुसरो ही की रचना है। इस सबसे बढ़कर सफ़दर 'आह' के द्वारा उन दो हस्तलिखित प्रतियों की खोज है यानी नदवी-प्रति और उर्दू रिसर्च इंस्टीट्यूट, बंबई की प्रति जिन दोनों की पद्यबद्ध किताबत-समाप्ति एक है जिसके अनुसार 'ख़ालिक़-बारी' ख़ुसरो देहलवी की कृति है और ख़ुसरो की मृत्यु के ग्यारह वर्ष

बाद 736 हि. में 'ख़ालिक़-बारी' की कोई प्रति लिखी गई। ये दोनों प्रतियाँ इसी प्रति की प्रतिलिपियाँ हैं। यद्यपि ये प्रतियाँ इस समय उपलब्ध नहीं क्योंकि दोनों बुजुर्गों का देहांत हो चुका है लेकिन नजीब अशरफ़ नदवी और सफ़दर 'आह' दोनों .ख़ुद को प्रत्यक्ष गवाह बताते हैं और उनके साक्ष्य पर संदेह करने का कोई कारण अभी तक दिखाई नहीं देता। 'ख़ालिक़-बारी' की बहस का एक रोचक पहलू मुम्ताज़ हुसैन की खोजबीन से 1976 ई. में सामने आया है। अपनी पुस्तक 'अमीर .ख़ुसरो देहलवी' में उन्होंने दावा किया है कि महमूद शीरानी ने 'हिफ़्ज़ुल्लिसान' का जो पाठ प्रकाशित किया वह इंडिया आफ़िस वाली प्रति पर आधारित है, अंजुमन वाली प्रति पर नहीं और इंडिया आफ़िस वाली प्रति पर किसी ज़ियाउद्दीन .ख़ुसरो का नाम नहीं। मुम्ताज़ हुसैन ने शेरों का मिलान करके साबित किया है कि दोनों प्रतियों का पाठ एक नहीं है और ये दोनों अलग-अलग रचनाएँ हैं। इससे मुम्ताज़ हुसैन ने यह निष्कर्ष निकाला है कि 'हिफ़्ज़ुल्लिसान' वैसी ही एक पुस्तक है जैसी कि 'मतबूअः-उल-सबियान' है यानी बाद के शाइर कुछ शेर जोड़कर नज़्म को अपने नाम से संबद्ध कर लेते थे। इस प्रकार की प्रतियों के बहुत से उदाहरण मिलते हैं। मुम्ताज़ हुसैन के इस शोध से महमूद शीरानी के सिद्धांत की बुनियाद ही हिल जाती है। इसलिए अब तक उपलब्ध साक्ष्यों और विवाद को देखते हुए हमारा मत है कि आंतरिक त्रुटियों और दोषों के बावजूद रिसालः-ए-मंज़ूमः जिसे 'ख़ालिक़-बारी' के नाम से जाना जाता है, अमीर .ख़ुसरो ही की कृति ठहरती है।

7. अमीर .ख़ुसरो से जो गीत, बसंत, झूला सावन, क़ल्बाना आदि जुड़ गए हैं उनका संबंध केवल कविता से नहीं संगीत से भी है। इस संबंध में सबसे अच्छी बहस नक़ी मुहम्मद ख़ाँ .ख़ुर्जवी ने 'हयात-ए-अमीर .ख़ुसरो' में की है (लाहौर, 1964 ई.)। सफ़दर 'आह' के कथनानुसार लेखक ने 80 वर्ष की आयु में यह पुस्तक लिखी थी। इसमें .ख़ुसरो के संगीत के बारे में एक विशेषज्ञ के रूप में लिखा है और .ख़ुसरो के बनाए हुए रागों के बोल के रूप में .ख़ुसरो ही के गीत दर्ज किए हैं। डॉ. ज्ञानचंद जैन के कथनानुसार, "ये गीत दो-चार पंक्तियों के हैं। उनकी भाषा अधिकतर ब्रज है जिसमें कुछ अंश खड़ी बोली के आ गए हैं। उनमें से अधिकांश में ख़्वाजा निज़ामुद्दीन औलिया का ज़िक्र है। गीतों की भाषा .ख़ुसरो के काल की है लेकिन...उनके स्रोत का कोई उल्लेख नहीं।" (पृ. 218)। गाने वाली चीज़ों का मामला बिल्कुल अलग है। ये चीज़ें ज़्यादातर नहीं बल्कि सभी एक से दूसरे तक और ज़बानी ही अंतरित होती रही हैं इसलिए इन सभी को मौखिक परंपरा (Oral tradition) या लोक परंपरा (Folklore) से ही संबंद्ध समझना उचित होगा।

उपर्युक्त चर्चा से अनुमान हुआ होगा कि अमीर .ख़ुसरो का हिंदीवी काव्य

अनुसंधान की एक कठिन समस्या है। इस मार्ग में हर क़दम बहस का नया मार्ग प्रशस्त करता है। फिर भी कुछ बातें निश्चयात्मकता के साथ कहीं जा सकती हैं जिनका आहाता ऊपर किया गया है और समस्त संबद्ध विषयों के बारे में राय बनाने की चेष्टा भी की गई है। अमीर ख़ुसरो की हिंदवी कविता अनुसंधान से जिस प्रकार माँग करती है उसका एक मुख्य कारण स्वयं ख़ुसरो का असाधारण व्यक्तित्व है। ख़ुसरो ने अपने युग में कितने स्तरों पर कैसा जीवन जिया उसकी आज कल्पना भी नहीं की जा सकती। उनकी जो नानाविध उपलब्धियाँ थीं जिनका पर्याप्त प्रमाण स्वयं उनके जीवन और फ़ारसी काव्य में मिल जाता है। इनमें से अधिकांश आश्चर्यजनक हैं। उन्होंने हिंदवी में काव्य रचना की जो उस काल में अपनी आरंभिक अवस्था में थी। लेकिन चूँकि यह मिश्रित भाषा उस समय कोई मानक रूप या साहित्यिक स्थिति नहीं रखती थी, इसमें जो कुछ कहा मनोविनोद के लिए कहा और उसे विधिवत् संकलित भी नहीं किया गया। इसे इतिहास की विडंबना कहिए कि आगे चलकर धीरे-धीरे फ़ारसी का प्रचलन कम होता गया और उसी अनुपात में उर्दू और हिंदी का महत्त्व बढ़ता गया। परिणामस्वरूप वहीं हिंदी कविता जो आमोद-प्रमोद के लिए रची गई थी, लोगों की ज़बान पर चढ़ गई और लोकप्रिय होती गई और काव्यप्रेमी उसे अपनी कथाओं में लिखते रहे। यह बात सिद्ध हो चुकी है कि हर प्रकार की भाषिक खिलवाड़ में अमीर ख़ुसरो को दक्षता प्राप्त थी 'निसाब-ए-बदी-उल-अजाइब' देखिए। लगता है इस प्रकार की जटिल अभिव्यक्ति से उनके स्वभाव को एक विशेष लगाव था। इसीलिए अमीर ख़ुसरो के काव्य की चर्चा करते हुए इन विविध साक्ष्यों को दृष्टिगत रखने की आवश्यकता है। उपर्युक्त चर्चा से यह अनुमान हुआ होगा कि इस संबंध में प्रस्तुत पंक्तियों के लेखक का उद्देश्य यह है कि इस प्रकार की समस्याओं में जिस प्रकार असाधारण श्रद्धा रखना भ्रामक है उसी प्रकार अनावश्यक कट्टरता और पक्षपात भी हानिकर है। आवश्यकता इस बात की है कि सभी साक्ष्यों की सहायता से पाठ की जाँच-परख की जाए और उसके संबंध में वस्तुगत राय क़ायम की जाए जिस दिशा में ऊपर की गई चर्चा में कुछ प्रयास किया गया है। इस संबंध में डॉ. वहीद मिर्ज़ा के संतुलित दृष्टिकोण से प्रस्तुत पंक्तियों के लेखक को मार्गदर्शन प्राप्त हुआ है। "जो हिन्दी काव्य इस समय ख़ुसरो से संबद्ध किया जाता है उसका कुछ अंश निश्चय ही प्रामाणिक और विश्वस्त है, किंतु कुछ अंश ऐसा भी है जो निश्चित ही काल्पनिक और कृत्रिम है...। किसी अविच्छिन्न परंपरा को जो सदियों से चली आती हो और जिसके प्रामाणिक होने के बारे में लोगों को विश्वास रहा हो, बिना किसी प्रतिकूल साक्ष्य के अविश्वसनीय नहीं समझना चाहिए।" (पृ. 329-330)। बर्लिन-प्रति का प्रकाशन भी इसलिए आवश्यक समझा गया कि यदि उसमें

कुछ पहेलियाँ ऐसी हैं जो प्रक्षिप्त हैं तो उसका अधिकांश भाग ऐसा भी है जिसे अविश्वसनीय समझने का कोई समुचित कारण नहीं है। इसलिए ऐसी निधि को सुरक्षित रखना, उसका संकलन करना और उसे प्रकाश में लाना हमारा कर्त्तव्य हो जाता है जिससे कि दूसरे भी उसके बारे में विचार कर सकें।

पाठ

"हिन्दवी पहेलियाँ"

श्प्रिंगर-संग्रह की बर्लिन-प्रति

STAATSBIBLIOTHEK
PREUSSICHER KULTURBESITZ
ORIENTABTEILUNG
D—1000 BERLIN 30 GERMANY WEST
(MS. SPRENGER 1763)

(बर्लिन पांडुलिपि के टाइटल की छाया-प्रति)

पन्ना सं. 120 अ पर जहाँ से यह पाँडुलिपि शुरू होती है ऊपर की ओर मध्य में 'पहेलीहा-ए-हिन्दी' लिखा हुआ है और उसकी बाईं ओर ऊपर नीचे आड़ी पंक्तियों में तीन पहेलियाँ दर्ज हैं जो नस्तालीक़ लिपि में हैं। 'पहेलीहा-ए-हिन्दी' भी नस्तालीक़ में है लेकिन वह ख़त (लिखाई) अलग है और पूरा संग्रह नस्ख़ लिपि में है। संग्रह की लिखाई इन दोनों ख़तों से भिन्न है।

लुग्ज़ दर शम्अ

अमीर ख़ुसरो

सर तुर्रा मुक़ैश का और गोरी गाँव[1] कहात
खड़ी खड़ी[2] रोवे हँसे कोई न पूछे[3] बात

वही

तेली का तेल कुम्हार का हंडा[4]
हाथी[5] की सूँड[6] नवाब का झंडा[7]

ढोल[8]

साँप सर (ा) की चुटिया[9] लेके[10] नाहरिया[11] ग़ुर्राय
कहिए राजा भोग[12] से यह[13] कौन जनावर[14] जाय

इनमें से दूसरी पहेली शिंप्रगर के 1852 ई. वाले लेख में शामिल है। तीसरी पहेली के कई शब्दों में स्याही फैल गई है और स्पष्ट· नहीं हैं।

1. गाँव; 2. कहरी कहरी; 3. पूच्ही; 4. हंदा (हंडा=मिट्टी का बरतन); 5. हाती; 6. सुँद; 7. झंदा; 8. दोल; 9. चुतिया; 10. लेकी; 11. नाहरिया=शेरनी; 12. ब्होक=भोज; 13. यह; 14. इन सभी पहेलियों में 'जानवर' के लिए जन-प्रचलित शब्द 'जनावर' मिलता है।

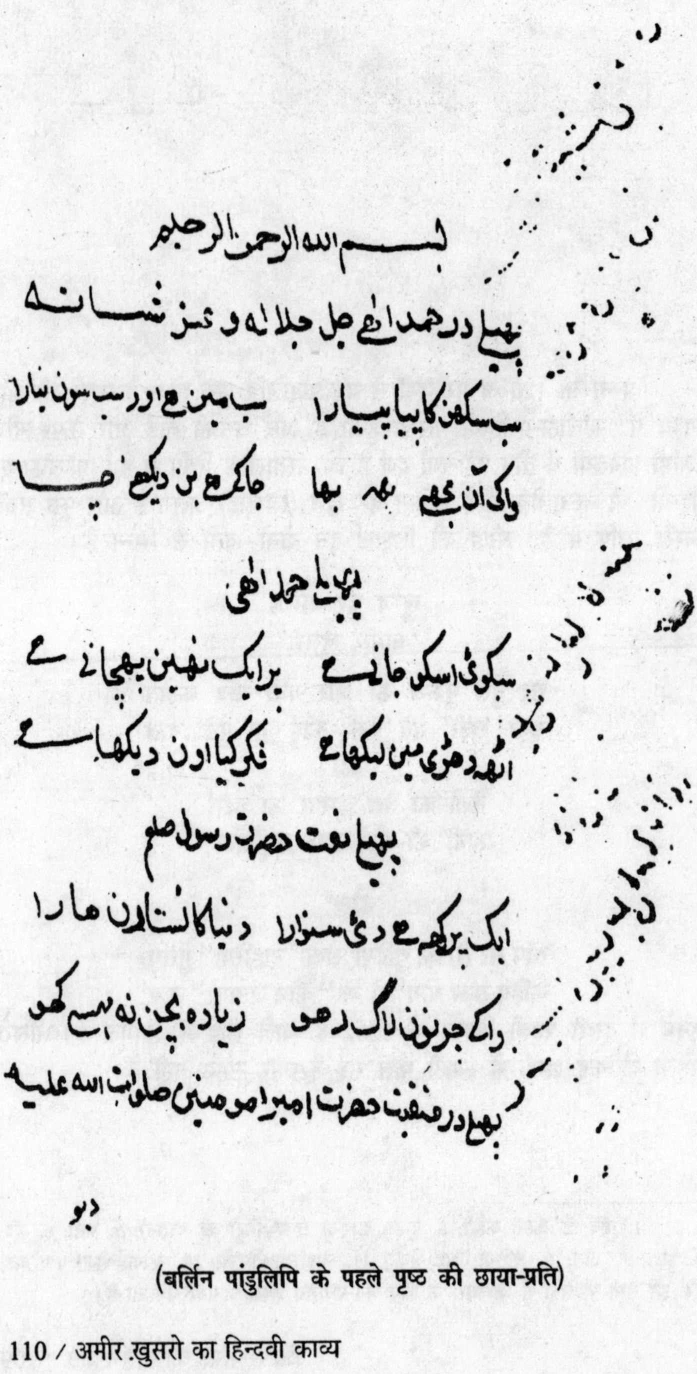

بسم الله الرحمن الرحيم

پهيلي در حمد الهي جل جلاله و عز شانه

سب سکهون کا پیا پیارا — سب مین هے اور سب سون نیارا

واکی آن مجهے بهه بها — جا کر هے بن دیکهے چها

پهيلي حمد الهی

سکوئی اسکو جانے — پر ایک نهین پهچانے

اٹهه دهڑی مین لیکها هے — نکی کیا اون دیکها هے

پهیلی نعت حضرت رسول صلعم

ایک پرکهه هے دی سنوارا — دنیا کا لستا اون هارا

واکے جر نون لاگ دهو — زیاده بچن نه بسے کهو

پهیلی در منقبت حضرت امیر المومنین صلوات الله علیه

دبو

(बर्लिन पांडुलिपि के पहले पृष्ठ की छाया-प्रति)

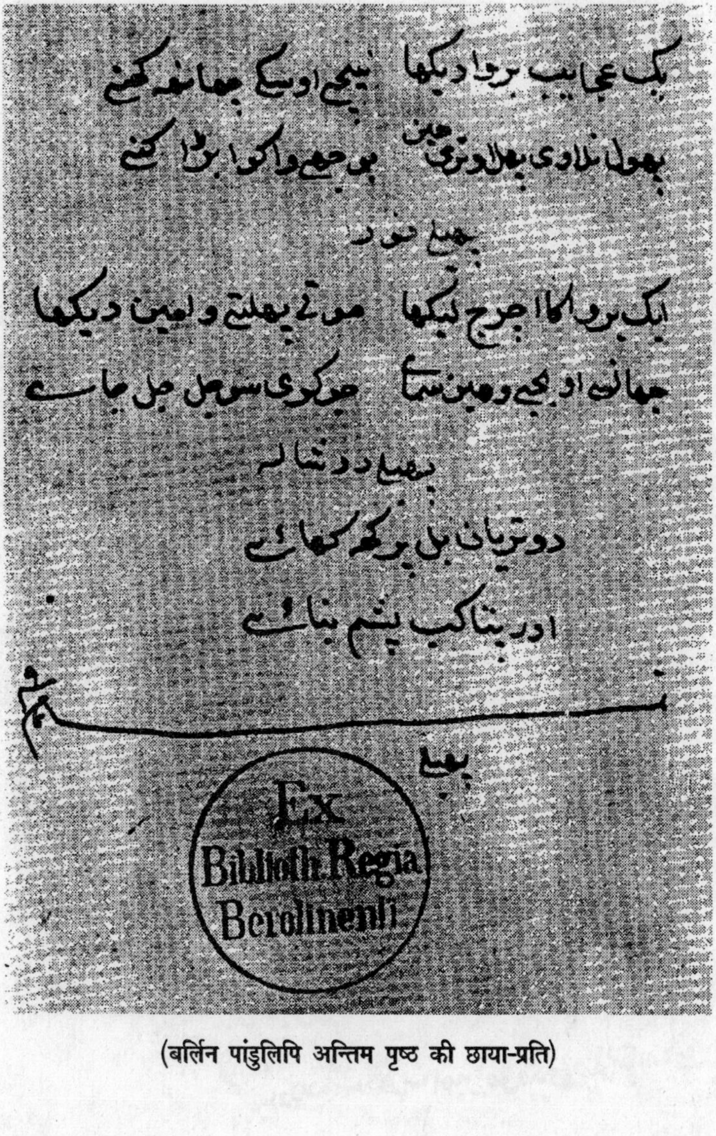

(बर्लिन पांडुलिपि अन्तिम पृष्ठ की छाया-प्रति)

120 ब बिस्मिल्लाह इर्रहमान इर्रहीम*

[पहेली दर हम्द-ए-इलाही जल्लः जलालुहू-ओ-इज़्ज़-ओ-शानहू]

सब सखियन[1] का पिया प्यारा
सबमें है और सबसों न्यारा
वा की आन मुझे ये[2] भा
जाकी है बिन देखे चा

पहेली हम्द-ए-इलाही

सब कोई उसको जाने है
पर एक नहीं पहचाने[3] है
आठ[4] धड़ी में लेखा है
फिक्र किया उन[5] देखा है[6]

पहेली ना'त-ए-हज़रत रसूल सल्लम

एक पुरुख[7] है दइ सँवारा
दुनिया का निस्तारन हारा[8]
वाके चरनों लाग रहो
ज़्यादा बचन न मुँह[9] से कहो[10]

यहाँ नीचे के नोट्स में या तो शब्द की वह शक्ल दी गई है जो बर्लिन पांडुलिपि में मिलती है, या जहाँ आवश्यक था, संक्षिप्त व्याख्या कर दी गई है।

* शुरू करता हूँ मैं अल्लाह के नाम से जो बड़ा कृपालु और दयावान है; * .ख़ुदा के नाम के साथ प्रयुक्त होता है जिसका प्रताप बहुत महान और जिसकी प्रतिष्ठा और वैभव महान है।

* हज़रत अली की स्तुति में जिन पर अल्लाह की कृपा हो; 1. मूल सखन है अर्थात् सखिन; 2. यह; 3. पहचाने; 4. अठ; 5. ऊन; 6. पहली तीन पहेलियों का पाठ श्प्रिंगर के 1852 ई. वाले लेख में ज्यों-का-त्यों मिलता है; 7. पुरुख=पुरुष; 8. मुक्ति; 9. महसे, यह मुह भी हो सकता है अर्थात् मुझसे; 10. खो।

पहेली दर मन्क़बत-हज़रत अमीरुलमोमिनीन सल्वातुल्लाह अलैह

121 अ देव गए हैं किस[1] से—काँप
किसने चीरा[2] अजगर साँप
कौन धवन का पित्ता खाए
को परलोका[3]

पहेली हज़रत आदम[4]

बिधना[5] ने एक पुरुख बनाया
तिरिया दी और नेह लगाया
चूक पड़ी कुछ वा से ऐसी
देस छोड़ा हुआ परदेसी

पहेली नारंगी

नारंगी रंगरेज की और रंगी है करतार
सगरी दुनिया लेत है झूँठा नाँव पुकार

पहेली सोहन[6]

एक पुरुख की सारी देह[7]
देही ऊपर दाँत घनेह
सर पर काठ उसी के साथ
कारीगर के देखा हाथ

पहेली बादकश

कर जड़वा के होत है और पवन देत है हल
ऐसा बिरवा[8] कौन सा कि[9] जाके बंजिया[10] फल

पहेली खाल आहनगर[11]

121 ब साँस निवारत[12] जात है और जी का हो गया काल
गई बू बूदार की रही खाल की खाल

---

1. किस्से; 2. किस्ने; 3. पहेली अधूरी है; 4. 'जवाहर-ए-ख़ुसरवी' में यह पहेली इस प्रकार मिलती है: "बिधना ने इक पुरख बनाया, तिरिया दी और नेह लगाया, चूक भई कुछ वां से ऐसी, देस छोड़ भयो परदेसी", पृ. 7; 5. बिदूहना=बिधाता, ब्रह्मा; 6. फ़ारसी शब्द 'सोहान' अर्थात् रेती; 7. शरीर; 8. बिरवा=युवक (यहाँ पेड़ भी फल, जड़ और हल के सह-संबंध से); 9. के; 10. बंजना=बूझना; 11. हनकर; 12. निवारत=निकालना।

पहेली अँगिया

नार चढ़े हाथी पर ख़ासी[1]
जनवर बैठा बीच ख़वासी
पता न बिल्कुल पूछो मुझसे
कुछ महरम हैं आप भी उससे[2]

पहेली दाम माही

जे कारन पी जल गए ओर जी का[3] करने काल
घर बिन जी तड़पन लगे सो कैसा यह जंजाल

पहेली हबाब साबुन[4]

जैसे गोला तोप का और वैसी वाकी देह
दम तो जीवन मोल है साँस लिए जी देह

पहेली बिवाई[5]

मैं हँसूँ मेरा कंठ[6] कराहे
मेरी हँसी पिया को नहीं भाए
पाँव पसार पिया[7] गए लेट
दुखती चोट कनौंडी भेंट[8]

पहेली चक़माक़-ओ-पथरी

सारी देह लगावे संग और जनम लेत है नार
और फ़िकर सब छोड़ दो इसका करो विचार

---

1. मूल पहेली में और 'जवाहर-ए-ख़ुसरवी' की पहेली में थोड़ा अन्तर है:
   एक नार हाथी पर ख़ासी जनवर बैठा बीच ख़वासी
   अता पता मत पूछो हमसे कुछ तो मरहम होगी उससे।

2. ऊ से; 3. जी गा; 4. प्रक्षिप्त पहेली; 5. बिवाई=फटना, एड़ियों का ठंड के कारण फटना;
   जाके पैर न फटी बिवाई सो का जाने पीर पराई।

6. कंथ ; 7. पिया=पै, पर; 8. यहाँ कहावत 'काने चोर कनौंडे भेंटा' से लाभ उठाया है अर्थात् जिससे आँख बचाना चाहो उससे भेंट ज़रूर हो जाती है, जहाँ चोट हो वहाँ ठोकर ज़रूर लगती है।

पहेली सोज़न

122अ डूबी जावे सर के बल
पाट ही[1] पाट नहीं है जल
ग़ोते खाती जाती है
छाती अंग लगाती है

पहेली कुआँ

इश्क़ भरा है देख ले और जगत[2] से सोता दूर
एक अचंभा हमने देखा दहरी[3] का नासूर

पहेली ज़मीन

माता नाँव धराय के और गरब दियो फैलाय
डायन से कुछ कम नहीं जो पेट में धरती जाय

पहेली बंसी-ओ-माही

आप चले भोजन करे और बैरी लागे बैर
अपने रस के कारने सो आय नद्दी तैर

पहेली बंसी-ओ-माही

मीन मेख सब तज दियो और बैठो ध्यान लगाय
अपने रस के कारने सो आय कंठ[4] बिंधाय[5]

पहेली ईंट[6]

पी के[7] चरनों आत है और कर मुट्ठी के बीच
सूरत है अश्नान की गारा नहीं न कीच

पहेली कुमकुमा लाख

122 ब एक निपट नाजुक बन्नो और रंगत[8] लाल गुलाल[9]
दम तो जीवन मूल है पर मुँह[10] लाखे[11] से काल

---

1. यहे; 2. जक; 3. दहरी=कठोर चिकनी धरती; 4. कंत; 5. बधाए; 6. नीतं; 7. पीके; 8. रंकत; 9. कलाल; 10. मह; 11. लाख।

पहेली इश्क़

गुप्त घाव तन में लगो और जिया रहत बेचैन
ओखत[1] खाय दुख बढ़े सो करो सखी कुछ बैन

पहेली इश्क़

दिल का तो दुंबल[2] भया और नैनन का नासूर
जो ओखत से दुख कटे तो मैं भी करूँ जरूर

पहेली बर्क़

अपने समय[3] में एक नार आय
टुक[4] देखे और फिर छुप जाय
मोह अचंभा आवत ऐसे
जल में अगन बसत है कैसे

पहेली जुगनू

अपने समय[5] इक पंछी आय
टुक देखे और फिर छुप जाय
बूझ के उठियो[6] क़सम है तुम पर
आग बिना उजियारा[7] दुम पर

पहेली कपास

123 अ फूल तो वा का ओखद सहाय
फल सब जग के काम में आय
उजड़ी[8] खेती जावे[9] नास
जब देखो जब पास का पास

पहेली पुल

ठौर नीर पर होत है और भीतर से जल जाय
हाथी घोड़ा ऊँट शलीता वाही के बल जाय

---

1. औषधि; 2. फोड़ा (अरबी 'दुम्मल')' 3. समें; 4. तक; 5. समें 6. ओठियो; 7. ओजियारा; 8. ओहरी; 9. खेते जावी।

पहेली पुश्तख़ार[1]

सारी देह की बात न जाने
हाथ में हाथ ले पहचाने

पहेली सिंघाड़ा

जल का उपजा[2] देखा जल में
काँटे हैं वाके कल कल[3] में
गीला हो तो हाट बिकाय
सूखे से कई काम में आय

पहेली झावाँ[4]

एक पुरुख है चेचक रू
अश्नान करे है मलमल तू
कच्चा हो कुछ काम न आय
पक कर चरनों लागे पाय

पहेली ज़ंजीर-ओ-कुंडा

123 ब दो नर में है एक ही नार यही रहें हैं सबके द्वार
दो नर से वो नारी जूझे जब जानो जब चटपट बूझे

पहेली दवात क़लम

एक नारी में जब नर जाय
काला मुँह कर उलटा[5] आय
छाती घाव[6] अपनी सहे
मन के बचन पर आय कहे

पहेली खाता-ओ-बही

काला मुँह कर जग दिखलावे
भूला बिसरा याद दिलावे

---

1. पीठ खुजलाने का पंजा; 2. ओबजा; 3. कल, बग़ल; 4. झाँवा; 5. ओलटा; 6. खाव।

रैन दिना चातर ग़म खाता[1]
मूरख को लेखा नहीं आता

पहेली तुफ़ंग*

मुँह से उगले[2] मुँह से खाय
मुँह से मुँह को लगाती जाय
ठोक[3] बदन कहलाती है
हर दम में बान[4] चलाती है

पहेली ढेंकली[5]

124 अ बिलक बिलक[6] भोजन करे और कास[7] कास में बीठ[8]
जनवर है पर जो नहीं लेत सवारी पीठ

पहेली चक़माक़-ओ-पथरी

नारी से नारी मिले और जनम भी लेवे नारी
उसके संग की टूटते देखी उसको देखा सारी

पहेली गुदगुदी

देही न देखी नरम कहाय
बुरी लगे[9] और हँसी सी आय

पहेली जुगनी[10]

झूठी सच्ची बाँधी जाय रूप बरन[11] और सती नारी
लोगन देखा गले लिपट गई ऐसी डरी बिचारी

पहेली किश्ती

जल बल जाती कुरसी[12] देखी
बस्ती उजड़ी सगरी देखी

---

1. खात; 2. ऊकली; 3. थोक; 4. यान; 5. कुएँ से पानी खींचने की बल्ली और उससे बँधा हुआ वज़न; 6. पलक पलक; 7. कास=बरतन; 8. बीट, पक्षी की बीट; 9. लके; 10. गले का आभूषण, 11. वर्ण=रंग; 12. करी। *प्रक्षिप्त;

सब तो जाने बहरी है
फिर नाँव लिए क्यूँ ठहरी है

पहेली चोली[1]

124 ब माथे वाके छेक है और चरन थूर[2] कर प्हाँव (एवमेव)
बहियन पर छाती टिक रहे और पीठ प' वाके पाँव

पहेली सोज़न

सर बल जावे नारी एक
चोटी ऊपर चोटी देख
सीना[3] वा का सबको भावे
सभी जगत के काम में आवे

पहेली रोज़ा

भूके प्यासे आते हैं[4] वो[5] बुज़ुर्ग क्यों कहलाते हैं
फ़िक्र से उनको मुँह में रखे बैकुंठें में भोजन चखे

पहेली बंसी-ओ-माही

आई थी भोजन करन और भोजन हो गई आप
पिछलों से कहती गई कि भोजन नहीं यह पाप

पहेली बंसी-ओ-माही

125 अ भोजन था सो जल गया और या में मीन न मेख[6]
छेड़छाड़ जाती रही सो काँटा खटकत देख

पहेली सान

एक नार है घेर घुमैली
भीतर वाके लकड़ी मैली
फिरा करे चलने की आन
उसकी इसमें बूझ[7] आसान

---

1. चोबे; 2. यह शायद 'छोड़कर भाँव' होगा; 3. अर्थात् क्रिया सीना सुई के साथ; 4. है; 5. दो (वो), 6. 'और या मीन मीन व मेख'; 7. बूझो।

पहेली दम

बंद किए से निकला जाय
छोड़ दिये से जावे आय
मूरख को देही नहीं सूझे
ज्ञानी[1] हो इक दम में बूझे

पहेली नफ्स-ओ-रूह

नर नारी में कुश्ती है
कुश्ती है बे पुश्ती है
बूझ पहेली जो कोई जावे
बैकुंठों में बासा पावे

पहेली बेड़ी

125 ब जिसके वो पैरों पड़ी उसका जी घबराय
बहुत दुखों से क़दम उठे और राह न निबड़ी[2] जाय

पहेली जोंक

सागर बासा भोजन रक्त फूल रहत[3] है क्यूँ
सीस छेद जब दह लिया फिर वो जोंकी तों[4]

पहेली चमगादड़

वो पंछी हैं जगत में जो बसत भुई[5] से दूर
रैन को उनको बीना देखा दिन को देखा सूर[6]

पहेली चमगादड़

रैन पड़ें[7] भोजन करें और दिनों फ़कत हैं पौन[8]
उलटे लटक तपशा करें जोगी नहीं वो कौन

---

1. स्याने; 2. निपरी; 3. फूल हत रहे, 4. अर्थात् ज्यों की त्यों (जों + क=जोंक); 5. भूमि; 6. सूर्य; यहाँ सूरदास में 'सूर' का दूसरा लाक्षणिक अर्थ अंधा है। रैन और दिन में जो संबंध है वही बीना' (जो देख सके) और 'सूर' अर्थात् 'नाबीना' (जो न देख सके) में है। साथ ही दिन के अर्थ में 'बीना' और रात के अर्थ में 'सूर' (सूरज भी और अंधा भी) विचारणीय है; 7. अर्थात् 'पड़े'; 8. पवन फाँकता=हवा खाना दोनों अर्थों में।

पहेली पतंग

एक मँढी जोगी पास
भू बिन जो कि मँढे आकास
काँपे[1] और मँढी लड़ जाय
जोगी को तो कल पड़ जाय

पहेली ताज़िया

126 अ गोर के अंदर रौज़ा देखा सच लाओ ईमान
फिर रौज़े में गोर भी देखी ज़री नहीं तूफ़ान[2]

पहेली ताज़िया

एक जज़ीरा ऐसा देखा सदा बने फिर टूट
गोर के अंदर गोर[3] को रक्खें ज़री नहीं हैं झूट

पहेली खरैरा

एक पुरुख की सारी देह
पसली ऊपर दाँत घनेह
हाथी पर चढ़ जाता है
और दाँतों[4] से खुजलाता है

पहेली पतरी

कई पती की नार कहाय
भोजन कारन बेधी जाय
दूजी बारी काम न आय
बाम्हन या जजमान बताय

पहेली ख़रपुज़ा[5]

दस नारी का एक ही नर
बस्ती बाहर वा का घर

---

1. काँपे में पतंग की काँप (लचक और खपची) का संकेत है; 2. अर्थात् झठ; 3. कोर कोर; 4. दातोन्से; 5. देखें श्प्रिंगर का लेख (1852) जिसका ऊपर उल्लेख हो चुका है, पृ. 618 जिसमें यह पहेली दर्ज है।

126 ब पीठ सख़्त और पेट नरम
मुँह मीठा तासीर गरम

पहेली लकड़लाल ख़ाँ[1]

रंग में है सरबोर[2] ये देखो कान[3] नहीं है
कहलाता है ख़ान वले पैठान नहीं है
बद को रक्खें बाँध उसे पहचान नहीं है
याँ से वाँ तक देख ज़री तूफ़ान नहीं है

पहेली ज़ाग़-हल्क़ूम

बिन पर को इक पंछी मेरो
घट[4] अंदर वा कियो बसेरो
परदार का सा वा का नाँव
वा के पंछी हाथ न पाँव

पहेली सान

उलटी सीधी चले फिरे और कमर से बाँधे चाम
लाख जतन से उसे बनाया नहीं भूलती काम

127 अ

पहेली नब्ज़

कोई चातर बूझ[5] का देखे   कर सों नारी[6] चलते देखे

पहेली आरी

पतली जैसी कामिनी और देह लचकत है सारी
मुँह नहीं और दाँत घनेरे काट खात है नारी

पहेली अस्प

लोहा चाबे हरना[7] लादे बागन बागन फिरता[8] आय
लोगन के कोसे ना मरे सब लोग कहें यह मर कब जाय

---

1. दिल्ली के बुज़ुर्गों से सुना है लाल ख़ाँ का लक्कड़ अर्थात् भारी कुंदा, लट्ठा, लकड़ी का बड़ा टुकड़ा। 'फ़रहंग-ए-आसफ़िया' (शब्दकोश) में भी लकड़ा की प्रविष्टि में लाल ख़ाँ का लक्कड़ अंकित है; पुराने ज़माने में अपराधियों को इससे बाँधकर रखते थे; 2. अर्थात् शराबोर; 3. कान यानी कृष्ण कन्हैया, अर्थात् रँग में तो डूबा हुआ है, परंतु कन्हैया नहीं; 4. शरीर; 5. बूझे का; 6. नाड़ी; 7. ज़ीन का अगला उठा हुआ भाग; 8. भरता।

पहेली चराग़

जल तो जीवन मोल है और बिन जल सों कुमलाय
फिक्र अगन वो कौन सी जो पौन लगे मर जाय

पहेली तसबीह

दाना दाना नाते में। सबका[1] लेखा खाते में
कर यारी वा नारी से। हर को भजो बिचारी[2] से

पहेली नदी

127 ब नर नारी कहलाती है और बिन वर्षा[3] जल जाती है
पुरुख से आवे पुरुख में जावे न दी किसी ने बूझ बताय[4]

पहेली दरिया नदी

हिन्दी में नारी कहें फ़ारसी में नर कहलाय
अगन तो नेड़े[5] नहीं पर आप ही से जल[6] जाय

पहेली ख़ाकरोब[7]

कमाई अपनी फेंक दे। और जी पर नहीं मलाल
वा से क्यूँ हट जात हैं। जो रोज़ी खाय हलाल

पहेली सती[8]

जल बल गई पिया के पास। तुक को और जनम की आस
जब सुंदर ने आन कही। तब वो तिरिया[9] जान गई[10]

---

1. सकाला; 2. विचारी से=विचार से, सोच-समझकर। यह बिचारी अर्थात् नम्रता भी हो सकता है; 3. वता; 4. बनाय; 5. नियरे अर्थात् नेड़े=पास और 'नीर' में पानी का पहलू भी निकलता है; 6. इसमें और इससे पहले की पहेली में भी 'जल' पानी के अर्थ में और 'जल' ('जलना' से) में श्लेष अलंकार है। 'जल' से अधिकांश पहेलियों में लाभ उठाया गया है। 'बिन वर्षा जल जाती है' अर्थात् सूख जाती है। साथ ही बिन वर्षा जल का जाना आश्चर्य की बात है। दूसरी पहेली में 'जल जाय' का अर्थ है 'पानी बहता है'। और 'अगन तो नेड़े नहीं पर आप ही से जल जाय' यानी आग तो लगी नहीं पर यह अपने आप जल जाती है यानी सूख जाती है; 7. देखें श्प्रिंगर का लेख (1852 ई.) जिसका उल्लेख पहले हो चुका है पृ. 519 जिसमें इस पहेली का शीर्षक 'हलालख़ोर' है, पाठ यही है; 8. सते; 9. स्त्री; 10. 'जान गई' में भी श्लेष है अर्थात् जान जाना (मालूम हो जाना) या जान से जाना यानी मर जाना जो यहाँ अभीष्ट है।

पहेली डुगडुगी

128 अ एक मँढी जोगी के हाथ
फिकर फिरे हैं बालक साथ
खोद बदन पर काढ़े है
अपने आप को मारे है
खोद[1] देही पर अपनी खाय
गावे जोगी मँढी बजाय

पहेली रूह

लुके लुके इक तिरिया आई । जो कुछ उसने करी कमाई
गर तू चाहे अपनी गत । पिया को हरगिज़ छोड़े मत

पहेली ठोकर

कर[2] से तो बैठता नहीं । और पग से चूक न जाय
राह बाट में चलते फिरते । चरनों से लग जाय

पहेली गुस्सा

एक चीज़ के दो हैं नाम । बाके[3] खाय नेक अंजाम
दाना सभी हज़्म कर जायँ[4] । उगलन[5] हारे कोड़ा[6] खायँ

पहेली साँप

128 ब माता[7] वाकी यार कहावे धरती नीचू नगरी
मार मार चहुँ देस करत हैं मरती दुनिया सगरी

---

1. खोद का एक अर्थ घाव भी है; 2. कर का अर्थ है 'हाथ', चौक और चूक में यमक है, कर, पग और चूक मे संबंध ध्यातव्य है। इसी तरह पग और चरण और राह-बाट, चलना-फिरना और चरण और चूक में भी आर्थी तथा ध्वन्यात्मक समानताएँ ध्यान देने योग्य हैं; 3. अर्थात् को; 4. जाएँ; 5. ओकर; 6. कोड़ा=कूड़ा और कोड़ा; 7. माता अर्थात् धरती माता। दूसरे मिसरे में मार-मार और मारना और मरती में संबंध है और 'मार-मार' में श्लेष भी है यानी मारना और मार का अर्थ साँप। इस शब्द के आ जाने से यह बूझ पहेली हो गई।

पहेली कसबिन[1]

सुहागन नहीं नहीं वो राँड। छुटी फिरे है जैसे साँड
बस्ती में फुसलाती है। और जंगल ज़ोर दिखाती[2] है

पहेली ताऊस

सर कलकी[3] राजा नहीं। और छोटा पर[4] नहीं साँड
एक समय[5] नाचा करें। कंचन[6] नहीं न भाँड

पहेली मोंढा[7]

सर जाली और पेट से ख़ाली। पसली एक इक देख निराली
फ़िक्र मुझे है यही परेख[8]। हाथ न गरदन[9] मोंढा[10] एक

पहेली तराज़ू

दो नर में है एक ही नारी। चट पट बूझे हलका[11] भारी
खात[12] बचन नहीं कहती है। और चुटिया कर[13] में रहती है

पहेली तोप[14]

129 अ
एक नार मुँह बाये आय
आते ही उन ओखत[15] खाये
जब नारी ने ली उबकाई
तो पै देखे न मो ही दिखाये

---

1. कसबिन=कसबी, वेश्या; 2. खाते; 3. कलग़ी; 4. पर में पक्षी का संकेत है; 5. समीं; 6. नर्तकी, (मूलार्थ सोना); 7. 'जवाहर-ए-ख़ुसरवी' में सिर्फ़ पहले दो मिसरे यूँ मिलते हैं

सर पर जाली पेट से ख़ाली
पसली देख एक एक निराली (पृ. 25)

8. परेखा=चिंता, पश्चात्ताप; 9. न करदन; 10. सर, पेट, पसली, हाथ और मोंढा अर्थात् कंधा में संबंध है और मोंढा शब्द में पहेली का उत्तर भी आ गया, साथ ही हाथ, गरदन और मोंढा में भी संबंध है; 11. हका; 12. खाट, यह खात (ख़राब, ग़लत भी हो सकता है); 13. कर=हाथ; 14. प्रक्षिप्त; 15. दबा (निगलने वाली चीज़), यह औघट भी हो सकता है अर्थात् मुश्किल बात।

पहेली आईना

एक पुरुख है सुंदर मूरत। जो देखे वह उसी की सूरत
फ़िक्र पहेली पाई ना। बूझन लागा आई ना[1]

पहेली आईना

कर[2] से कहूँ तो आरसी[3] आवे। जो मारूँ तो मार न खावे
जो मैं करूँ वह कर दिखलावे। बूझ फ़िक्र जो बूझी जावे

पहेली जाला मकड़ी[4]

शिकारी अपना जाल लगाय। आन पखेरू[5] गला बँधाय
अधर में लटकी उसकी आस। आन फँसा जा लागा पास[6]

पहेली सुपारी[7]

129 ब ऊपर से एक रंग हो और भीतर चित्तीदार
सो प्यारी[8] बातें करे फ़िक्र अनोखी नार

पहेली ऐनक[9]

एक तिरिया है नकचढ़ी। और हाड़ सी सारी देह
दो तालन की रानी। कहिये नैनन साथ सनेह[10]

पहेली ऐनक

बसे काठ के कोट[11] में। या मुँह पर सूझी जाय
आँखों आगे धरी रहे। पर कधी न बूझी जाय

पहेली शाना

एक नार है ऐसी ख़ासी। भोजन खली तेल की प्यासी
हाथ लिये ऐसे इतराय। मू[12] लगाय सिरे चढ़[13] जाय

---

1. आई ना=आईना; 2. हाथ; 3. आर आना, "आर (शर्म) सी आना", यह आरसी का अर्थ है छोटा आईना जिसे स्त्रियाँ अगूँठी में पहनती थीं। आर-सी और आरसी में यमक है। 4. टकरी; 5. अन पखरू; 6. जा लागा पास, जा लागा में शब्द-'जाला' आ गया यानी बूझ आ गई है; 7. सो प्यारी; 8. सो प्यारी में यमक है (सपारी) बूझ मौजूद है; 9. प्रक्षिप्त; 10 स्नेह; 11. कोट=दुर्ग; 12. मो=मुँह; 13. चड।

पहेली टेसू

तीन टाँग का देखा पिया। दो कर सीस छाती दिया
हर के द्वारे भीक कहेला । चतुर मानस बूझ पहेला

पहेली झाँझिया[1]

130 अ देही में दीदे घने और । तन में दिया बला
घर घर माँगत फिरत हैं । पा लग सीस चढ़ा

पहेली टेसू

एक बरों का[2] फूल है और महाराज अवतार
बिछाले[3] और उठ चले हर हर के दरबार

पहेली शेर

मुसलमान के बहत्तर समझें हिंदू के अवतार
तपश्या करे नाहर[4] भजे बानस[5] खावे मार

पहेली नासूर

बहा करे नद्दी नहीं नाला । रोवे आप रुलाने वाला
वा की हैबत सबको आई । शेर नहीं नासूर[5] सिपाही

पहेली नासूर

130 ब रैन दिना वह रोता है
और किसी किसी के होता है
जब रोने से बंद हो जाय
आगे से भी बहुत सताय

पहेली पिस्तान[7]

दो तिरियाँ एक नाम की। और तन अंदर अक्सीर[8]
काला मुँह उनका भया । नख[9] बूझो नक्सीर

---

1. एक तरह की छोटी झाँझ; 2. शायद 'परों का'; 3. भचसाले; 4. नाहर भजना और नाहर अर्थात् शेर में यमक है और शब्द नाहर में बूझ भी आ गई है; 5. बानस=मानस अर्थात् मनुष्य; 6. सूर=शूर वीर, बहादुर, नासूर सिपाही अर्थात् न सूरमा है न सिपाही। नासूर में बूझ आ गई है। शूर शेर को भी कहते हैं; 7. पिस्तान (स्तन); 8. इकसीर; 9. ये दो शब्द स्पष्ट नहीं हैं लेकिन नख नाख़ून भी है और नख=नाक, नक्सीर के संबंध से (यहाँ नाख़ून लगने से ख़ून निकलना अर्थ है)।

पहेली भौंरा

बिरह का[1] मारा गया चमन में। इश्क़ छना है स्याह बरन में
जोर गुलों के सहता है पर। बोले बिन नहिं रहता है

पहेली फ़िक्र

इस्म है उसके जिस्म नहीं है। जनवर की भी क़िस्म नहीं है
चतरा मानस वा को खाय। मूरख उसके पास न जाय

पहेली हुक्क़ा[2]

131 अ आग लगाई फुंनग[3] सों और जल[4] गई वा की जड़
एक बिरवा[5] निख बोलता[6] सो बूझन हारा नर

पहेली सिपर

बिना चाँदनी चाँद है[7]। और बिना बास[8] के फूल
जितना अर्ज़ वा नार का। उतना[9] वा का तूल

पहेली किश्ती

जल जल जावे[10] फिर बसे और नित उजड़े वह गाँव[11]
घाट घाट पर वा का ठाँव बूझ फ़िक्र से नाँव

पहेली नान

नार जगत की जीवन मूल। देहि रही है वा की फूल
छेद नहीं है नाका जैसे। पवन पेट[12] के वा में कैसे

1. के; 2. प्रक्षिप्त; 3. फुंनग यानी फनगी=ऊपर का भाग, चोटी; 4. यहाँ जल द्विअर्थक है; 5. बिरवा—लड़का साथ ही (पौधा, पेड़ फुंग, जल, जड़, बिरवा में सह संबंध विचारणीय है); 6. बोलना, निख बोलना=नेक, नख, कान; 7. चाँद, चँदिया गोल चीज़ या गँजे सिर को भी कहते है; 8. यास; 9. ओतना; 10 "जल जल जावे फिर बसे" बसने के संबंध से जल जाए यानी तबाह हो जाए, आगे 'उजड़े' भी इसी कारण है लेकिन असल में "जल जल जावे" यानी पानी के रास्ते जाए; जल-घट, गाँव, ठाँव, बसना, उजड़ना में अर्थ साम्य है; 11. कानों; 12. पेटा।

पहेली हबाब

जल जावे पर जले नहीं और बिना चोब का डेरा[1]
बल बल[2] आवे बैठे[3] जावे पल में कितने बेरा[4]

पहेली बाराँ

131 ब एक पुरुख ऊ बारा नाम
देखे नहीं सुबह और शाम
बरस दिन में जाता है
रैन पड़े भी आता है

पहेली सक्क़ा

इश्क़ में अपने दुख भरे और ऊपर हो जल जाय
आँखों देखत छल करे बैकुंठी[5] क्यूँ कहलाय

पहेली मशक

ऊपर से वह भीगी होय और भीतर से जल[6] जाय
फ़िक्र जुगत मे नाजी[7] बूझे बैकुंठी[8] बतलाय

पहेली सदफ़

पानी में पियासी रहे और बर से मिले तो[9] गाभिन होय
दाना बच्चे देत है और बिरला बूझे कोय

पहेली सदफ़

132 अ पानी में पियासी रहे और नहीं कुंत[10] से भेंट
सचमुच बच्चे देत है कहाँ रखाया पेट

---

1. दबरा; 2. बल बल आवे में बूझ मौजूद है यानी बुलबुला; 3. बैठ; 4. बबरा यानी बेरा=बेड़ा; 5. बैकुंठी=बिहिश्ती, पानी वाला; 6. शब्द जल से हर जगह लाभ उठाया है यानी पानी और जलना क्रिया से जल; 7. नाजी=निजात पाने वाला, बैकुंठी से संबंध है; 8. इन दोनों पहेलियों में उत्तर मौजूद है; 9. पानी, प्यासी, बरसें (बरसना से) और दाना (बुद्धिमान) और (दाना=कण) के सहसंबंध ध्यातव्य हैं; इसके अलावा पियासी में 'पिया' और बरसें मे 'बर', 'गाभिन' और बच्चे में भी परस्पर साम्य है, सदफ़ (सीपी) में बूँद पड़ने से मोती बनता है। इसमें 'वर से मिले' में वर के अलावा बरसने की तरफ जो इशारा है और दाना (अक्लमंद) और दाना (कण) में जो श्लेष है, वह भी विचारणीय है; 10. कंता=पति, प्यारा।

पहेली लब

तल[1] ऊपर के दो हैं भाई। उनका है यह काम
लड़ें भिड़ें आपस में दोनों[2]। मिलकर करें कलाम

पहेली इज़ारबंद

दो सर का एक पुरुख कहाय। नर नारी के आन समाय
शाम से ले करता बे भोर। बाँधा रहे नहीं वो चोर

पहेली चरख़ा

जो तिरिया को भरता जाय। वो ही पुरुख करतार[3] बनाय
माल दाम रख सब तक लाय। घाना घाना नाम कहाय

पहेली ग़ुब्बारा

132 ब एक मंढी जो कि थी सूनी[4]
भीतर वाके बाली[5] धूनी
भुईं[6] पर गिरते ही जल जाय
यह अचरज धूनी बल जाय

पहेली दुल्हन

बनी रंगीली शरम की बात
बेमौसम आई बरसात
यही अचंभा मुझको आय
ख़ुशी के दिन क्यूँ रोती जाय

---

1. नल-तल ऊपर=ऊपर-नीचे; 2. दोनों; 3. करतार में 'तार' विचारणीय है। तीसरे मिसरे में 'माल' में भी इसी तरह का संकेत है। चौथे मिसरे में 'धाना' कोल्हू या गोल चलने वाली चीज़ को भी कहते हैं यानी 'घाना घाना' में बूझ मौजूद है; 4. जो के से सोने-सोनी=सूनी, साथ ही (सोहनी) सुंदर; 5. बाली=जलाई; 6. भुईं=पृथ्वी, भूमि।

पहेली गाज़ुर[1]

एक पुरुख मैं ऐसा देखा। जो थाई जल जाय
बिना पढ़े कुछ दम करे। और कपड़ा बल बल[2] जाय

पहेली गोश

दो नर का है एक ही नाम। बीच में उनके रहता काम
बोल न जाने सुनते संग। उन दोनों[3] के बीच सुरंग

पहेली राग

नर नारी हैं जग में एक। देही ना देखी वा की नेक
जिसके मुँह से सीधे आय। खाये पिये बिन मस्त हो जाय

पहेली ख़्वाब

133 अ मुँह खोले जब तिरिया आई। ढीले[4] हो गए सभी सिपाही
कोई सोना लेने जाता है। वह सोना[5] आप ही आता है

पहेली शेब[6]

नर नारी कहलाता है। और नर नारी को आता है
गर ज़िन्दगी हो मर जाता है। पर लाग़र सा कर जाता है

पहेली खाता-ओ-बही

खाने को वो बने नहीं पर खाते[7] हैं
जल उपजें बेसंगी नहीं बनाते हैं

---

1. गाज़ुर=धोबी; 2. पहले मिसरे में 'था' (थाह) और 'जल' में संबंध है। 'जल' और 'बल' (दूसरे मिसरे) में भी साम्य है, 'बल बल जाय' से तात्पर्य कपड़े का जल (पानी में) जाना भी है और कपड़े का बल खाना भी जो निकट का अर्थ है, साथ ही बल-बल जाना=न्यौछावर होना; 3. दोनों; 4. धीले; 5. सोना=कीमती धातु और सोना का अर्थ है नींद लेना; 6. शेब=बुढ़ापा; 7. 'खाते' क्रिया में 'खाता' संज्ञा जो पहेली की बूझ है, आ गया है और 'खाने और खाते हैं' में साम्य भी नीरस नहीं। दूसरे मिसरे में 'जल उपजें' 'बही' की ओर संकेत है यानी कमल की जड़ जो पानी में पैदा होती है। संगी का अर्थ है साथी, इसके साथ ही संगी=मोटा कपड़ा जो बही पर लगाया जाता है। बिही एक फल भी है जिसे अरबी में 'सफ़रजल' कहते हैं, 'जल उपजें' में उस ओर भी संकेत हो सकता है।

पहेली चक़्माक़-ओ-पथरी

दो तिरियाँ मिल भेंट करें वो होती हैं संगसार[1]
काले मुँह का पुरुख मिले तब जनम ले सुंदर नार

पहेली जान

समझे रहो यह जावेगी
और गोर ही मुँह दिखलावेगी
133 ब जान बूझ[2] क्यों रोता है
यहाँ फ़िक्र किए क्या होता है

पहेली आफ़ताब

रैन दिना वो आवे जावे। यही जनम से काम बनावे
बूझ फ़िक्र से इतनी बात। किस पर बंधे दिन और रात

पहेली मत

सौ सौ रंग से आती है और बुरे दिनों में जाती है
ऐसे तो मतवाली[3] है पर नहीं फ़िक्र से ख़ाली है

पहेली जान

संग सहेली चल[4] बसे और हम भी चलने हार
नई रीत या देस के जो बंदी छुटे पुकार

पहेली चमगादड़

चरण तो अंबर[5] ओर हैं और भुईं[6] के माहों सीस
नैनाँ अपने मूँद कर करे सूर की रीस

---

1. संगसार में संग का अर्थ है पत्थर, बूझ मौजूद है। साथ ही 'मिल भेंट करने' पर संगसार होने का भी अपना अर्थ है। 'सार' हिंदी का प्रत्यय भी है जिसका अर्थ है जैसा, यानी पत्थर जैसा। 'सुंदर नार' में भी दो अर्थ हैं, यानी सुंदर नारी या सुंदर आग, क्योंकि 'नार' का दूसरा अर्थ है आग। चकमक रगड़ने से आग पैदा होती है; 2. 'जान बूझ' में पहेली का उत्तर है; 3. मतवाली=मत (बुद्धि) रखने वाली, बूझ मौजूद है; 4. जल; 5. अंबर=आकाश; 6. पृथ्वी, भूमि।

पहेली अरबा अनासिर[1]

134 अ चार मीत एकठे हुए और मिलकर करते भोग
फ़िक्र कहे जब बैर पड़ा तो फिर कैसे संजोग[2]

पहेली अरबा अनासिर

बैरी एक का एक है और एक का बैरी एक
फ़िक्र कहे यह एकठे कैसे मुजको यही परेख[3]

पहेली पेचवान[4]

मार कुंडलिया बैठा नाग। फ़िक्र पूँछ से लागी आग
जला करे और भरे[5] है नारे। हर हर दम फुंकारी मारे

पहेली पान

गला कटे वो चूँ[6] न करे और मुँह रक्त[7] बहाय
सो प्यारी[8] बातें करे फ़िक्र कथा[9] दिखलाय

पहेली बंग[10]

सब्ज़ रंग जंगल[11] की बूटी
बात करावे सच्ची झूटी
134 ब गुन औगुन सब फ़िक्र भलाय
पिया लाय[12] जब मौज दिखाय

पहेली ख़्वाब

सोने में जो देखी बात। सूझे और रूप के साथ*
ब्यान किया जब मिलकर चार। नई तरह से दिया विचार

पहेली केचुल साँप

सेत[13] बरन देखी यक नारी। पी के बिरोग पड़ी बेचारी
नकसुक सों[14] निकसत[15] यक अंग। प्रान गए पीतम के संग

---

1. स्वीकृत चार तत्त्व अग्नि, जल, मिट्टी, आकाश; 2. सनहोग; 3. परेख़=दु:ख सोच; 4. पेचवान (प्रक्षिप्त); 5. फरे; 6. चून में संकेत चूना; 7. रक्त=ख़ून; 8. सोप्यारी है सो पारी, सुपारी की ओर संकेत; 9. कथा अर्थात् कत्था-चूना और कथा (कहानी) इसका संबंध 'बातें करे' से है; 10. बक (भंग); 11. ज़ंकल; 12. 'पियालाय' में पियाला (प्याला) मौजूद है; 13. सेत (श्वेत); 14. नकसुक=नख शिख; 15. निकसत=निकलना; * सात।

पहेली ताड़ी

काठ की गाड़ी मिट्टी का बाछा[1]। दूध पिए वो आछा आछा
बेड़ी पहन दुहावन जाय। थन काटे तब दूध बहाय[2]

पहेली झूला

कमर पकड़ के दिया ढकेल
तब देखो कुदरत का खेल[3]

पहेली फ़रगुल

135 अ आधा काफ़िर सारा शोर[4]
इसको बूझो कर कर ग़ौर

पहेली गुल-ए-लाला

हरियर[5] पेड़ सुहावन पात केवल बरन साम[6] और रात
जब नाहीं[7] से वा का नाँव बूझ पहेली छोड़ो गाँव

पहेली सिपर

एक नार भौंरा सी काली। बिन कानों वो पहने बाली
बिन नाक वो सूँघे फूल। जित्ता अर्ज़ उत्ता तूल

पहेली उगालदान

कर अश्नान सभा में बैठी। नीची थी पर ऊँची बैठी
ऐसी नार करम की हीनी[8]। जिन देखा तिन थू थू कीनी

---

1. बाधा=बछड़ा; 2. पन्हाय; 3. 'जवाहर-ए-खुसरवी' में यह पहेली इस प्रकार है :
डाला था सबके मन भाया टाँग उठाकर खेल बनाया
कमर पकड़ के दिया ढकेल जब हुआ वो पूरा खेल (पृ. 16)
4. आधा काफ़िर यानी फ़र, सारा शोर यानी कोलाहल=(फ़रग़ुल); 5. हरिहर=हरा-भरा; 6. शाम रात के संबंध से और साथ ही यह शब्द 'श्याम' भी हो सकता है; 7. नाहीं=नहीं अरबी में ला का अर्थ भी नकारात्मक है गुल-ए-ला ला; 8. करम की हीनी=कर्महीन, अभागी।

पहेली बुलबुल

आधी[1] महँगी सारी सस्ती
सारा जंगल आधी बस्ती

पहेली नथ

135 ब एक नार दो नानख रीझी
नार टेढ़ी और माँग सीधी

पहेली कपड़ा

नर नारी को जो नर भाय। यह दुख उस पर होवे हाय
टुकड़े हो और कुछ न कहे। सीस कटे तो पड़ा रहे[2]

पहेली बिवाई

मैं जो हँसी पिया मोरे रोये। रोये रोये मोरा मुँह टोये[3]
मैं जो गई दिना दो चार पिया। मोरे सोये गोड़[4] पसार

पहेली कबूतर

मैं मूठी[5] मोरे पिया अकास। कैसे जाऊँ पी के पास
बैरी लोक मुँह दिखावें। पी चाहें तो आपी आवें

पहेली कूची[6] नूरबाफ़

रीढ़[7] पर चाम सब देह उघाड़ी[8]। पीठ पर सींघ पेट में दाढ़ी
हाथ न पाँव[9] न वा के कल। चले फिरे दाढ़ी[10] के भल

पहेली गजरा

136 अ आधा बकरा सारा हाथी[11]
हाथ बँधा देखा यक साथी

---

1. आधी बुलबुल यानी 'बुल', कुछ बोलियों में बुल का अर्थ स्त्री भी है; 2. 'कटे' का सीस काटकर 'पड़ा' से जोड़ा जाए तो 'कपड़ा' बन जाता है; 3. टोहना=तलाश करना, ढूँढ़ना; 4. कोड़–गोड़ अर्थात् पैर; 5. मूठे=मूठी, मूठी का कबूतर उस कबूतर को कहते हैं जो हाथ में हो; 6. कूजी=कूची जिसे जुलाहा कपड़ा बुनने में इस्तेमाल करता है; 7. रीड़; 8. उखारी (उघाड़ी=नंगी); 9. न पाँव; 10. दाड़ी, पहले मिसरे में डारही; 11. आधा बकरा यानी 'रा' और सारा हाथी यानी 'गज' इसलिए गज+रा= गजरा जो हाथ में बँधा रहता है।

पहेली अरगजा

आधा अरना सारा हाथी[1]
जो देखे सो लगावे छाती

पहेली पलंग

बाघ[2] तो कहने में कहलावे
और सुख उससे[3] आलम पावे

पहेली हल्क़ा बीनी

नारी में नारी बसे और नारी[4] में नर दोय[5]
दो नर बीच नारी बसे बूझे न बिरला कोय[6]

पहेली दफ्तर

एक पुरुख जिन आलम कीला[7]
आधा बाजा[8] आधा गीला[9]

पहेली टोपी

जो कपड़ों में होवे कम
आधा काटो रहे ख़सम[10]

---

1. इस पहेली में भी वही बारीक बात है। अरना=जंगली भैंसा, आधा अरना अर्थात् 'अर' और सारा हाथी अर्थात् 'गज'=अरगज यानी अरगजा (एक प्रकार का सुगंधित लेप); 2. बाघ=शेर, चीता; फ़ारसी में 'पलंग'। दूसरे मिसरे में श्लेष से लाभ उठाया है अर्थात् दुनिया पलंग पर सोकर सुख पाती है; 3. ऊसे; 4. नार; 5. दो 6. जवाहर-ए-ख़ुसरवीः

नारी में नारी बसे नारी में नर दोय
दो नर में नारी बसे बूझे बिरला कोय (पृ. 26)

7. कीलना=अधिकार करना, मुँह बंद करना; 8. आधा बाजा=दफ़; 9. आधा गीला=तर(दफ़+तर=दफ्तर; 10. 'आधा काटो' में टोपी का 'टो' गया, 'पी' शेष रहा; पी अर्थात् पति इस प्रकार 'टो' और 'पी'=टोपी;

पहेली चाक कुम्हार

136 ब एक[1] अजाइब बिरवा[2] देखा
नीचे उसके छाँह[3] घनी
फूल न लावे फल उतरे हैं
बूझे वा को बड़ा[4] गुनी

पहेली फ़व्वारा[5]

एक बिरवा का अचरज लेखा
मोती फलते वा में देखा
जहाँ से उपजे वहीं समाय
जो गिरे सो जल जल जाय[6]

पहेली दुशाला

दो तिरियाँ मिल[7] पुरुख कहाई
और पता कब पश्म बुनाई

तम्मत तमाम शुद
पहेली

---

1. यक; 2. बिरवा (लड़का) यानी पहेली का उत्तर पुल्लिग है; 3. छाँह=छाँव। 4. अबड़ा;
5. जवाहर-ए-ख़ुसरवी:

एक पुरुख का अचरज लेखा मोती फलती आँखों देखा
जहाँ से उपजे वहीं समाय जो फल गिरे सो जलजल जाय (पृ. 21)

6. जल जल जाय यानी नष्ट हो जाए, साथ ही फ़व्वारे के संबंध से जल (पानी); 7. बल।

सम्मतियाँ

(क) हिन्दी संस्करण के बारे में

प्रोफेसर विजयेन्द्र स्नातक (प्रोफेसर हिन्दी, दिल्ली विश्वविद्यालय)

मध्ययुगीन भारतीय इतिहास में अमीर खुसरो का नाम अनेक संदर्भों में बड़े गौरव के साथ लिया जाता है। कार्यक्षेत्र की विविधता और रुचि के विलक्षणता के आधार पर .ख़ुसरो को अपने युग का बहुआयामी व्यक्तित्व सम्पन्न पुरुष कहा जाए तो कोई अति युक्ति न होगी। अमीर खुसरो फारसी के उच्च कोटि के विद्वान, कवि और मर्मज्ञ लेखक थे। अरबी, संस्कृत और खड़ी बोली हिन्दवी का उन्हें पर्याप्त ज्ञान था। संगीत के क्षेत्र में उनकी प्रतिभा लोक विख्यात है। उनकी इस विलक्षण प्रतिभा को देखकर हम उन्हें 'महामानव' ही कह सकते हैं।

ख़ुसरों के नाम से हिन्दवी में लिखित पहेलियां, मुकरियां और दो सुख़ने अति प्रसिद्ध हैं लेकिन उनमें कितनी प्रामाणिक और कितनी क्षेपक हैं, इसका निर्णय कठिन बना हुआ था। यह बड़े हर्ष का विषय है कि उर्दू, फारसी के भारत विख्यात विद्वान प्रोफेसर गोपीचन्द नारंग के इस समस्या का समाधान करने के लिए बर्लिन जाकर वहां के संग्रहालय से श्प्रिंगर की मूल प्रति उपलब्ध की और उसका नागरीलिपि में रुपांतर कराकर हिन्दी जगत के लिए सुलभ कराया। यह काम कई दृष्टियों से हिन्दी साहित्य के इतिहास में नयी सामग्री जोड़ने वाला सिद्ध होगा। हिन्दवी के नाम से खुसरो की जो रचनाएं पहेलियों में मिलती हैं इनमें लोक साहित्य का भी गहरा पुट है।

प्रोफेसर गोपीचन्द नारंग ने केवल श्प्रिंगर संग्रह की प्रति से प्राप्त पहेलियों को ही इस पुस्तक में एकत्र नहीं किया वरन् उन्होंने अपनी पुस्तक में भूमिका लिखकर अमीर खुसरो तथा उनके काव्य के सम्बन्ध में प्रचलित भ्रांतियों का निराकरण भी किया है। एक सौ ग्यारह पृष्ठ के इस सारगर्भित भूमिका को पढ़कर पाठक को अमीर खुसरो की रचना-प्रक्रिया तथा रचित साहित्य की पूरी

जानकारी हासिल हो जाती है। इस भूमिका को प्रोफेसर नारंग ने पूरी तरह अनुसंधान की वैज्ञानिक पद्धति से लिखा है। तर्क, प्रमाणपूर्ण लिखी गयी विस्तृत भूमिका खुसरो के हिन्दी या हिन्दवी काव्य पर पड़े धुंधले आवरण को हटाकर सही जानकारी का द्वार खोल देती है। इस प्रकार की शोध पूर्ण सामग्री साधारण पाठक को एक दर्जन ग्रंथ पढ़कर भी नहीं मिल सकती जैसी इस विद्वतापूर्ण भूमिका में एकत्र की गयी है। 'अमीर .खुसरो का हिन्दवी काव्य' के प्रकाशन से हिन्दी और उर्दू साहित्य के इतिहासों में .खुसरो का प्रमाणिक रूप से वर्णन सम्भव हो सकेगा। अब इन नयी पहेलियों का प्रमाणिक पाठ पढ़कर हिन्दी साहित्य के इतिहास लेखक अमीर .खुसरो को हिन्दवी (खड़ी बोली) का सर्वप्रथम कवि ठहरा सकेंगे। प्रोफ़ेसर नारंग के द्वारा संग्रहित एवं स्वसंपादित इस पुस्तक से हम निभ्रान्त रूप से .खुसरो को खड़ी बोली का समर्थ कवि मानने में गर्व का अनुभव करेंगे। मैं प्रोफ़ेसर नारंग के इस काव्य को स्तरीय शोध कार्य मानता हूं और मेरा विश्वास है कि भविष्य में हिन्दी साहित्य के इतिहास लेखकों को इस ग्रंथ से खड़ी बोली का स्वरूप निर्धारण करने में सहायता मिलेगी। यह ग्रंथ एक ओर जहां अमीर .खुसरो की 150 पहेलियों का प्रमाणिक पाठ प्रस्तुत करता है वहां साथ ही साथ .खुसरो की रचनाधर्मिता तथा भाषाविषयक जानकारी पर भी इससे अच्छा प्रकाश पड़ता है।

प्रोफ़ेसर गोपीचन्द नारंग इस विद्वतापूर्ण शोध कार्य के लिए हिन्दी और उर्दू दोनों भाषाओं द्वारा बधाई के पात्र हैं। इस प्रकार के गम्भीर अनुसंधान द्वारा भाषा और साहित्य की तो श्रीवृद्धि होती है, साम्प्रदायिक सद्भाव और सौहार्द भी बढ़ता है। साहित्य का चरम उद्देश्य समाज का हित सम्पादन इसी प्रकार के कार्यों से होता है। मैं प्रोफ़ेसर नारंग का इस महत्वपूर्ण कार्य के लिए साधुववाद देता हूं!

(समकालीन भारतीय साहित्य, नयी दिल्ली अक्टूबर, 1991)

मृणाल पाण्डेय (संपादक-साप्ताहिक हिन्दुस्तान, नयी दिल्ली)

आज जब हिन्दू और मुसलमान अपनी गंगा जमुनी संस्कृति की स्मृद्धि रचनात्मकता और सौन्दर्य को भुलाकर एक-दूसरे से गहरे शक और वितृष्णा के साथ पेश आ रहे हैं, हमारी साझी संस्कृति के आदि पुरुषों में से एक अमीर ख़ुसरो का स्मरण शायद साहित्य प्रेमियों के विवेक को कुछ झकझोर जाए। वे हिन्दवी में शेर कहने वाले अपने परवर्ती तुलसीदास की श्रेणी के उन कवियों में से थे जिन्होंने जनता के मुहावरे के लोच और गहराई को समझा और क्लासीकी भाषा के ज्ञान से संवार कर कालातीत साहित्य की रचना की।

उर्दू फ़ारसी के गुणी विद्वान डॉ. गोपीचन्द नारंग ने बर्लिन के श्प्रिंगर

संग्रहालय में से ख़ुसरो की 150 पहेलियों वाली वह दुर्लभ पाण्डुलिपि अन्ततः ढूंढ़ ही निकाली जिसके द्वारा श्प्रिंगर महोदय द्वारा उद्धृत छः पहेलियों के अतिरिक्त 144 पहेलियां पहली बार प्रकाश में आयी हैं। निश्चय ही इनका सम्पादक और प्रस्तुतीकरण दुरुह रहा होगा लेकिन डाक्टर नारंग इसे बखूबी निभा ले गए हैं। पुस्तक का नूर नबी अब्बासी द्वारा किया हिन्दी अनुवाद भी सहज तथा बोधगम्य है। उर्दू से अनूदित हो ऐसी स्वस्थ, समृद्ध रचनाएं लगातार हिन्दी को मिलती रहें इससे बड़ी श्रद्धांजली ख़ुसरो को और क्या दी जा सकती है...

(साप्ताहिक हिन्दुस्तान, नई दिल्ली, 13 जनवरी 1991)

कृष्णदत्त पालिवाल (ज़ाकिर हुसैन कालेज, दिल्ली)

अमीर ख़ुसरो की रचनाओं पर अभी शोध जारी है। इसका एक नतीजा है प्रोफेसर गोपीचन्द नारंग द्वारा उनके हिन्दी काव्य की खोज। आखिरकार डॉ. नारंग को श्प्रिंगर संग्रह की बर्लिन प्रति भारी खोजबीन के बाद उपलब्ध हो गयी। इसे हिन्दी उर्दू साहित्य के लिए अत्यन्त महत्वपूर्ण संदर्भ ग्रंथ माना जाएगा।

अमीर ख़ुसरो का जो भी हिन्दवी काव्य मिला है वह वाचिक परम्परा से ही मिला है। डॉ. गोपीचन्द नारंग ने एक ऐसी पाण्डुलिपि खोजकर प्रकाशित की है जिसमें अमीर ख़ुसरो की एक सौ पचास पहेलियां हैं। डॉ. नारंग एक मुद्दत से इन पहेलियों की खोज में थे जो किसी ज़माने में अवध के शाही पुस्तकालयों में सुरक्षित थीं। उन्हीं शाही पुस्तकालयों के आधार पर प्रसिद्ध प्राच्यविद डॉ. श्प्रिंगर ने अमीर ख़सुरो के हिन्दवी काव्य की सूचना 1852 में 'जनरल ऑफ एशियाटिक सोसाइटी बंगाल' के लेख में दी थी, उस लेख में उन्होंने अमीर ख़ुसरो की छः पहेलियों को उदृधृत किया था। हिन्दी उर्दू साहित्य के सौभाग्य से श्प्रिंगर की वह प्रति डॉ. गोपीचन्द नारंग ने बर्लिन में खोज कर प्रकाशित की है। इस प्रकाशन में बर्लिन प्रति का सम्पूर्ण पाठ संशोधन के साथ दिया गया है। इसमें 150 पहेलियां हैं जिसमें से छः को छोड़कर 144 को पहली बार प्रकाशित किया गया है...

(दैनिक जनसत्ता, दिल्ली, 17 मार्च 1991)

डॉ. गंगा प्रसाद विमल (निदेशक हिन्दी, निदेशालय, नई दिल्ली)

प्रोफेसर गोपीचन्द नारंग का नाम अमीर ख़ुसरो के संदर्भ में विशेष आदर के साथ लिया जाएगा क्योंकि उन्होंने श्प्रिंगर विषयक चर्चा का परवर्तन किया और बाद में गम्भीर शोध में परिवर्तित हुए...प्रोफेसर नारंग ने अपनी खोज में कुछ ऐसी नई पहेलिकाएं पाई हैं जो विस्मित करने वाली हैं। इस विधा में जहां अमीर

ख़ुसरों ने अप्रस्तुत को भाषायी संकेतों में प्रस्तुत किया है वहीं हिन्दवी छन्द का गणित्य संयोजन भी अच्छी तरह प्रस्तुत किया है। यह अमीर ख़ुसरो की कविशक्ति का परिचायक है तथा साथ ही साथ 'भाषा क्रीड़ा' के अभ्यास से स्मृति में निबद्ध सूचनाओं को प्रकटिकृत करने का अभियोजन भी है।

अमीर ख़ुसरो का हिन्दवी काव्य अनुसंधान की एक कठिन समस्या है। इस मार्ग में हर क़दम बहस का नया मार्ग प्रशस्त करता है। फिर भी कुछ बातें निश्चयात्मकता के साथ कही जा सकती है, प्रोफ़ेसर नारंग ने जिनका प्रयास किया है और समस्त सम्बद्ध विषयों के बारे में राय बनाने की चेष्टा भी की है...

(दैनिक सन्डे मेल, नई दिल्ली, 14 मार्च 1991)

डॉ. ख़ुर्शीद आलम (दिल्ली विश्वविद्यालय)

अमीर ख़ुसरो भारतीय साहित्य की एक ऐसी धरोहर हैं जिन्होंने अपने समय में अपने वाले समय की सम्पर्क भाषा का संकेत ही नहीं दिया बल्कि भविष्य की भाषा में काव्य रचना भी की। प्रोफ़ेसर गोपीचन्द नारंग की पुस्तक 'अमीर ख़ुसरो का हिन्दवी काव्य' से अमीर ख़ुसरो के अध्ययन में नए आयामों पर प्रकाश पड़ता है। प्रोफ़ेसर नारंग के अनुसार अमीर ख़ुसरो के नाम से जो भी हिन्दी काव्य प्रचलित हैं वह जनश्रुति का हिस्सा हैं और इसका कोई लिखित प्रमाण उपलब्ध नहीं है। प्रोफ़ेसर नारंग की पुस्तक शोध पद्धति की दृष्टि से एक उपलब्धि कही जाएगी, विशेष रूप से इसलिए कि इसमें ख़ुसरो के नाम से सम्बद्ध पहेलियों का एक दुर्लभ संग्रह भी है जिसे प्रोफेसर नारंग ने बर्लिन में खोज निकाला है और शास्त्र विवाद के साथ पाठ में शामिल किया है।

उर्दू और हिन्दी साहित्य को प्रोफेसर नारंग का कृतज्ञ होना चाहिए कि उन्होंने एक अछूते विषय के सम्बन्ध में उस प्राचीनतम श्रोत का जो सर्वथा संदिग्ध था, न केवल पता लगाया बल्कि उसे एक सुन्दर पुस्तक के रूप में प्रकाशित भी किया। आज जबकि पूरा देश हिन्दू-मुस्लिम साम्प्रदायिक दंगों की चपेट में है, 'अमीर ख़ुसरो का हिन्दवी काव्य' एक सार्थक प्रस्तुत है...

(दैनिक राष्ट्रीय सहारा, नई दिल्ली 12, सितम्बर 1991)